Keine Panik vor der Steuerberaterprüfung

Lizenz zum Wissen.

Sichern Sie sich umfassendes Wirtschaftswissen mit Sofortzugriff auf tausende Fachbücher und Fachzeitschriften aus den Bereichen: Management, Finance & Controlling, Business IT, Marketing, Public Relations, Vertrieb und Banking.

Exklusiv für Leser von Springer-Fachbüchern: Testen Sie Springer für Professionals 30 Tage unverbindlich. Nutzen Sie dazu im Bestellverlauf Ihren persönlichen Aktionscode C0005407 auf *www.springerprofessional.de/buchkunden/*

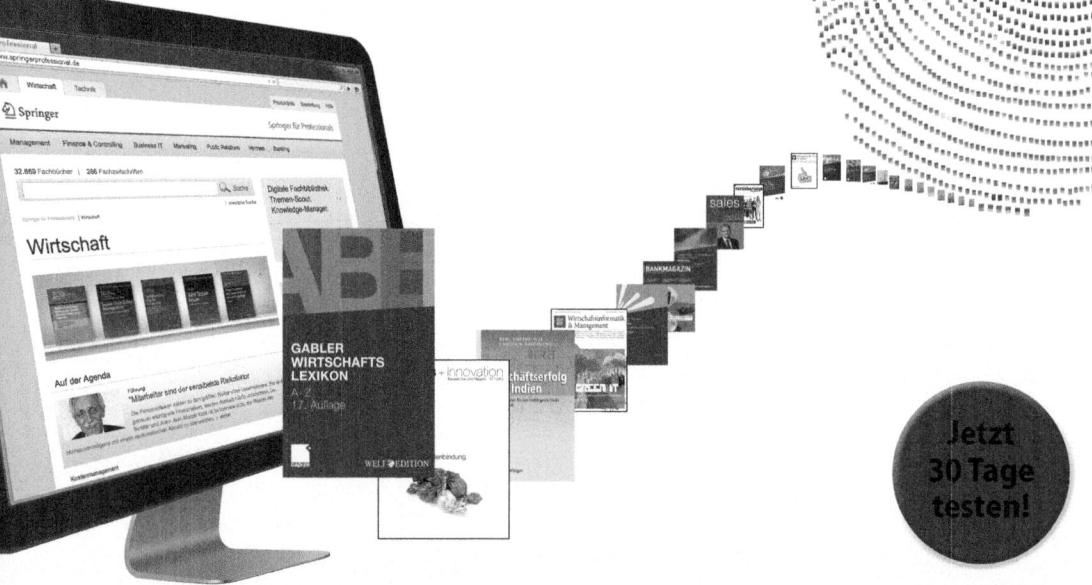

Springer für Professionals.
Digitale Fachbibliothek. Themen-Scout. Knowledge-Manager.

- Zugriff auf tausende von Fachbüchern und Fachzeitschriften
- Selektion, Komprimierung und Verknüpfung relevanter Themen durch Fachredaktionen
- Tools zur persönlichen Wissensorganisation und Vernetzung

www.entschieden-intelligenter.de

Springer für Professionals

Sven Braun · Christiane Stenger · Jonas Ritter

Keine Panik vor der Steuerberaterprüfung

Wie Sie das Steuerberaterexamen zielsicher bestehen

7., aktualisierte Auflage

Sven Braun
Völklingen, Deutschland

Jonas Ritter
München, Deutschland

Christiane Stenger
München, Deutschland

ISBN 978-3-658-02554-0   ISBN 978-3-658-02555-7 (eBook)
DOI 10.1007/978-3-658-02555-7

Die Deutsche Nationalbibliothek verzeichnet diese Publikation in der Deutschen Nationalbibliografie; detaillierte bibliografische Daten sind im Internet über http://dnb.d-nb.de abrufbar.

Springer Gabler
© Springer Fachmedien Wiesbaden 2014
Das Werk einschließlich aller seiner Teile ist urheberrechtlich geschützt. Jede Verwertung, die nicht ausdrücklich vom Urheberrechtsgesetz zugelassen ist, bedarf der vorherigen Zustimmung des Verlags. Das gilt insbesondere für Vervielfältigungen, Bearbeitungen, Übersetzungen, Mikroverfilmungen und die Einspeicherung und Verarbeitung in elektronischen Systemen.

Die Wiedergabe von Gebrauchsnamen, Handelsnamen, Warenbezeichnungen usw. in diesem Werk berechtigt auch ohne besondere Kennzeichnung nicht zu der Annahme, dass solche Namen im Sinne der Warenzeichen- und Markenschutz-Gesetzgebung als frei zu betrachten wären und daher von jedermann benutzt werden dürften.

Lektorat: Irene Buttkus

Gedruckt auf säurefreiem und chlorfrei gebleichtem Papier.

Springer Gabler ist eine Marke von Springer DE. Springer DE ist Teil der Fachverlagsgruppe Springer Science+Business Media
www.springer-gabler.de

Vorwort

Die Steuerberaterprüfung ist vor allem wegen ihrer Stofffülle und dem Zeitdruck gefürchtet.

Dieses Werk hilft Ihnen, sich die ungeheure Informations- und Wissensmenge schnell und sicher anzueignen und im Ernstfall für Sie leicht abrufbar zu machen.

Mit den in diesem Buch dargestellten Techniken werden Sie die schwierige Steuerberaterprüfung – schriftlich wie auch mündlich – zielsicher bestehen. Das auf Steuerberateranwärter zugeschnittene Lern- und Lesetraining hilft Ihnen, sich anhand konkreter Steuerinhalte effektive Techniken anzueignen, mit denen Sie sich das äußerst umfangreiche Fachwissen leicht verfügbar halten. So lernen Sie an Fachbeispielen Ihr Erinnerungsvermögen auf- und auszubauen, Fachtexte schneller zu lesen und rhetorische Mittel für die mündliche Prüfung einzusetzen.

Das Buch führt den Leser in drei Teilen dem Prüfungserfolg näher:

1. In Kap. 1 erläutert **Christiane Stenger**, mehrfache Juniorengedächtnisweltmeisterin, die Gedächtnistechniken der Profis. Dabei geht sie u. a. auf die Geschichtentechnik, die Routenmethode und das Mastersystem ein.
2. Danach erklärt Diplom-Betriebswirt (FH), Master of Arts (M.A.), **Sven Braun**, Wirtschaftsprüfer und Steuerberater, wie diese Techniken speziell in der Vorbereitung zum Steuerberater eingesetzt werden können. Für einen schnellen Lernerfolg ist dieser Teil in zwei Kapiteln dargestellt. Analog der Steuerberaterprüfung wird in Kap. 2 zunächst auf die schriftliche Prüfung eingegangen, um anschließend in Kap. 3 die mündliche Prüfung effektiv vorzubereiten und die Panik davor abzubauen.
3. In Kap. 4 erläutert **Jonas Ritter**, Schnelllese-Experte, die Techniken, die ein erhöhtes Lesetempo ermöglichen und das bei gesteigertem oder zumindest gleichem Textverständnis.

Im Gegensatz zu herkömmlichen Büchern, die sich mit Gedächtnistraining beschäftigen, wird in diesem Buch ganz konkret auf die Steuerberaterprüfung eingegangen. Das hier vermittelte Wissen ist direkt anwendbar. Ein Umsetzen der Gedächtnistechniken in Eigenarbeit entfällt meistgehend. Ein weiterer Vorzug ist die Kombination von Gedächtnis- und

Schnelllese-Techniken in einem Buch. Die Verknüpfung beider Techniken setzt ungeahnte Synergie-Effekte frei.

Zahlreiche Übungen und verständliche Beispiele helfen Ihnen, die Panik vor der Prüfung zu verlieren. Alle hier dargestellten Techniken sind bereits mit besonderem Erfolg im Ernstfall getestet worden. Natürlich lassen sich die hier dargestellten Techniken auch für andere Steuerprüfungen verwenden, z. B. für Steuerfachwirte, Bilanzbuchhalter oder Wirtschaftsprüfer.

Zusätzlich wird auf der Homepage www.pruefung-bestehen.de ein Steuerberater-Lernprogramm angeboten. **Jetzt neu:** auch als **iPhone-App** verfügbar.

Wir wünschen Ihnen viel Spaß, Erfolg und Durchhaltevermögen!

Saarbrücken, im Januar 2014

Sven Braun
Jonas Ritter
Christiane Stenger

Vorgeschichte – Wie dieses Buch entstand

Viele Steuerberateranwärter bereiten sich mit Vorbereitungskursen auf das Examen vor. Die Stofffülle des dort vermittelten Wissens ist immens groß. Selbst mit reger Mit- und Nacharbeit bestehen viele die Prüfung nicht.

Auch mir erging es zunächst so. Nach der Korrektur der schriftlichen Prüfung des ersten Versuchs hieß das Ergebnis: nicht bestanden.

Nachdem mir selbst das Privileg versagt war, das Examen im ersten Versuch zu bestehen, suchte ich nach unkonventionellen Hilfsmitteln zur Prüfungsvorbereitung. Durch eine TV-Show mit Günther Jauch wurde ich auf Gedächtnistraining und Christiane Stenger aufmerksam. Die Möglichkeiten faszinierten mich. Also kaufte ich zahlreiche Bücher zu den Themen Gedächtnistraining, Schnelllesen und Konzentrationsübungen. Um die trockene Materie der Steuertheorie etwas aufzulockern, bieten sich diese Techniken gerade zu an. Bisher hatte ich Paragrafen durch ständiges Wiederholen gelernt. Das baute nicht gerade Motivation auf. Wenn aber plötzlich Bilder ins Spiel kommen wie z. B. Affen in romantischen Bergtälern, die bei Sonnenuntergang ihre Angehörigen treffen[1], macht auch die AO plötzlich Spaß.

Als ich die Techniken beherrschte, wurden immer mehr Steuerberateranwärter neugierig und ich erklärte ihnen mein System, weil die meisten total begeistert davon waren. Also fing ich damit an, die Techniken aufzuschreiben. Zur Unterstützung nahm ich Kontakt zu Christiane Stenger auf und besuchte ein Seminar von ihr in München. Sie war spontan bereit, dieses Buchprojekt zu unterstützen. Auf dem Gedächtnisseminar wurde von einer Teilnehmerin der Schnelllese-Experte Jonas Ritter empfohlen. Und weil Schnelllesen ebenfalls sehr interessant für das Lernen ist, meldete ich mich zu seinem nächsten Seminar in Berlin an. Auch er war sofort einverstanden, das Buchprojekt zu unterstützen. Die Gedächtnis- und Schnelllesetechniken haben mir schließlich im zweiten Versuch geholfen das Examen zu bestehen und das sogar als damals jüngster Steuerberater des Saarlandes.

---

[1] So merke ich mir, dass in § 15 AO Angehörige definiert sind (15 = Tal nach dem Mastersystem, Affe = AO; vgl. Kap. 2 A).

Dieses Buchprojekt soll auch Ihnen das Potential zugänglich machen, das in diesen Hilfsmitteln steckt.

Saarbrücken, im Januar 2014
Dipl.-Betr.W. (FH), Master of Arts (M.A.)
Sven Braun, Wirtschaftsprüfer, Steuerberater

Danksagung

Dieses Buch widme ich meiner Ehefrau und Seelenverwandten *Diana Braun*, die ich von ganzem Herzen liebe. Sie hat oft auf mich verzichtet, da sie wusste, wie wichtig mein Job mir ist. Sie hat mich unermüdlich auch in späten Stunden zum Schreiben motiviert, Texte Korrektur gelesen und auf alle nur erdenklichen Weisen unterstützt.
Ganz besonders danke ich meiner ganzen Familie. Sie hat mich hierher gebracht.
Namentlich möchte ich folgenden Personen danken:

Olaf Braun, vereidigter Buchprüfer und Steuerberater, mein Vater, Chef und Mentor. Durch seine kompetente Führung, die partnerschaftlich und fördernd erfolgt, wurde dieses Buchprojekt erst ermöglicht. Meiner Mutter *Maria Braun*, die unermüdlich mit akribischer Genauigkeit meine Texte Korrektur gelesen hat. *Björn, mein Bruder,* der mich stets motiviert und unterstützt hat. Diplom-Betriebswirt (FH) *Alfonso Caltagirone*, er hat viele Beiträge geleistet, stets kritisch und aufmerksam Sachverhalte analysiert und immer den Überblick behalten.

Bodo Schäfer, als Buchautor mein Motivator, Mentor und Coach, obwohl ich ihn bisher noch nicht persönlich kennengelernt habe. Herrn Rechtsanwalt *Andreas Funk* und Frau *Irene Buttkus*, unsere Lektoren des Gabler-Springer-Verlages und *Yvonne Schlatter* von der le-tex publishing services GmbH.

Birgitta Dennerlein, Steuerberaterin, die als Kollegin und Co-Autorin bereit war, schwierige Sachverhalte zu diskutieren und dieses Buch Korrektur zu lesen.

Michael Klimke, Wirtschaftsprüfer und Steuerberater, *Patrik Oehmig* sowie allen *Mitarbeitern* von Braun & Braun PartGmbB Steuerberatungsgesellschaft und der MERKURA REVISION GmbH Wirtschaftsprüfungsgesellschaft Steuerberatungsgesellschaft.

Sven Braun

Wir danken allen, die uns bei diesem Projekt aktiv bzw. moralisch unterstützt haben. Nur mit ihrer Hilfe, Geduld und Motivation war es uns möglich, dieses Buch zu schreiben. Für die Illustrationen in diesem Buch danken wir Daniela Horn aus München.

Ein besonderes Lob geht an das Lehrgangswerk Haas, das uns bei der ersten Auflage unterstützt hat. Auch Ohrenmenschen.de danken wir für die gute Zusammenarbeit.

Last but not least danken wir *Ihnen* als Käufer dieses Buches. Wir hoffen, das Buch dient Ihnen bei Ihrer Prüfungsvorbereitung als wertvoller Helfer. Sollten Sie Fragen oder Anregungen haben, wenden Sie sich gerne über den Gabler-Springer-Verlag an uns. Empfehlen Sie uns weiter.

Sven Braun, Jonas Ritter und Christiane Stenger

Abkürzungsverzeichnis

Abs.	Absatz
AfA	Absetzung für Abnutzung
alt.	alternativ
AO	Abgabenordnung
Art.	Artikel
Betr.W.	Betriebswirt
BewG	Bewertungsgesetz
BFH	Bundesfinanzhof
BFH/NV	Sammlung der Entscheidungen des Bundesfinanzhofs Mit allen amtlich veröffentlichten und nicht amtlich veröffentlichten Entscheidungen des Bundesfinanzhofs (Zeitschrift Haufe-Verlag)
BGB	Bürgerliches Gesetzbuch
BMF	Bundesministerium für Finanzen
BND	betriebsgewöhnliche Nutzungsdauer
BStBl	Bundessteuerblatt
Buchst.	Buchstabe
BVerfG	Bundesverfassungsgericht
bzw.	beziehungsweise
d. h.	das heißt
D	Deutschland
Dipl.	Diplom
EG	Europäische Gemeinschaft
ErbStG	Erbschaft- und Schenkungsteuergesetz
ESt	Einkommensteuer
EStG	Einkommensteuergesetz
EStR	Einkommensteuerrichtlinien
etc.	et cetera (lateinisch: und so weiter)
EU	Europäische Union
evtl.	eventuell
ff.	Fortfolgende
FGO	Finanzgerichtsordnung

FH	Fachhochschule
GB	Großbritannien
ggf.	gegebenenfalls
GmbH	Gesellschaft mit beschränkter Haftung
GewStG	Gewerbesteuergesetz
h	Stunden
HGB	Handelsgesetzbuch
i. H. v.	In Höhe von
i. S. d.	Im Sinne des
i. V. m.	in Verbindung mit
IG-Erwerb	Innergemeinschaftlicher Erwerb nach § 1a UStG
inkl.	inklusive
KStG	Körperschaftsteuergesetz
LStH	Lohnsteuerhinweise
LStR	Lohnsteuerrichtlinien
Ltd.	Limited (englische Rechtsform; ähnlich wie GmbH)
Nr.	Nummer
PF	psychomotorischen Fertigkeiten
Rz.	Randziffer
S.	Seite; in Paragrafenangaben: Satz
s.S.	siehe Seite
sog.	so genannte
SolZ	Solidaritätszuschlag
USt	Umsatzsteuer
UStDV	Umsatzsteuerdurchführungsverordnung
UStG	Umsatzsteuergesetz
UStR	Umsatzsteuerrichtlinien
usw.	und so weiter
v.	von/vom
vGA	verdeckte Gewinnausschüttung
vgl.	vergleiche
z. B.	zum Beispiel

Inhaltsverzeichnis

Abbildungsverzeichnis XVII

Übungsverzeichnis XIX

Beispielverzeichnis XXI

1 **Gedächtnistechniken** 1
 Christiane Stenger
 1.1 Einführung 1
 1.2 Grundbausteine der Gedächtnistechniken 5
  1.2.1 Visualisieren 5
  1.2.2 Verknüpfen 8
  1.2.3 Wiederholen 8
 1.3 Geschichtentechnik 9
 1.4 Routenmethode 13
 1.5 Eselsbrücken 21
 1.6 Bilderalphabet 22
 1.7 Einfaches Zahlenmerksystem 24
 1.8 Mastersystem 25
  1.8.1 Das Grundgerüst 26
  1.8.2 Das Mastersystem von 0 bis 99 29
  1.8.3 Die Regeln des Mastersystems 32
  1.8.4 Sofort-Programm ... So lernen Sie die 100 Begriffe
     des Mastersystems 33
 1.9 Lösungsvorschläge zu den Übungen 35

2 **Schriftliche Steuerberaterprüfung** 39
 Sven Braun
 2.1 Paragrafen lernen 39
  2.1.1 Ein- und zweistellige Paragrafenangaben 41
  2.1.2 Drei- und vierstellige Paragrafenangaben 42
  2.1.3 33 Paragrafen der Abgabenordnung 44

2.2	Markiersystem für Gesetzestexte	46
	2.2.1 Textmarkierungen	47
	2.2.2 Zusatzinformationen	47
	2.2.3 Randstriche	48
2.3	Pauschbeträge etc.	49
2.4	Lernen von Tatbestandsmerkmalen	51
2.5	Eselsbrücken	51
2.6	Lösungsvorschläge zu den Übungen	53

3 Mündliche Steuerberaterprüfung ... 61
Sven Braun

3.1	Definitionen lernen	62
3.2	Rhetorische Mittel	62
3.3	Rhetorik-Training	65
	3.3.1 Konzept	65
	3.3.2 Der gelungene Vortrag	66
3.4	Korrekturmöglichkeiten während des Vortrags	67
3.5	Vorbereitung in der Gruppe	68
3.6	Mündlicher Vortrag ohne Konzept	70
3.7	Buch der Prüfungserfolge	71
3.8	Entspannungs- und Konzentrationsübung	71

4 Schnelllesen ... 73
Jonas Ritter

4.1	Erhöhung des Textverständnisses	73
	4.1.1 Gesteigerte Konzentration	73
	4.1.2 Fokus auf das Wesentliche	74
	4.1.3 Bessere Nutzung des Ultrakurzzeitgedächtnisses	75
	4.1.4 Bessere Nutzung des Kurz- und Langzeitgedächtnisses	76
	4.1.5 Verbesserte Kognition durch emotionale Hochstimmung	77
4.2	Erhöhung der Texterinnerung	78
	4.2.1 Erhöhtes Verständnis führt zu erhöhter Erinnerung	78
	4.2.2 Emotionaler Zustand	78
	4.2.3 Kontrast	78
	4.2.4 Kombination mit Gedächtnistechniken	79
4.3	Test der Ausgangsgeschwindigkeit	79
	4.3.1 Voraussetzungen für den Erfolg	79
	4.3.2 Testanleitung	80
	4.3.3 Übungstext – Gewinnabführungsvertrag bei Körperschaftsteuer-Organschaft	81
	4.3.4 Testbogen Übungstext – Gewinnabführungsvertrag	84
	4.3.5 Auswertungsanleitung	84

		4.3.6	Auswertungsbogen Übungstext – Gewinnabführungsvertrag....	85
	4.4	\multicolumn{2}{l}{Hintergrundwissen}	86

- 4.3.6 Auswertungsbogen Übungstext – Gewinnabführungsvertrag.... 85
- 4.4 Hintergrundwissen 86
  - 4.4.1 Zielsetzung.. 86
  - 4.4.2 Zeitaufwand bis zur Zielerreichung: 2 Wochen 87
  - 4.4.3 Ausgangslage: schulische Leseausbildung 87
  - 4.4.4 Neurologische Funktionsweise 89
  - 4.4.5 Vermeidung von Missverständnissen 90
- 4.5 Trainingsvorbereitung 91
  - 4.5.1 Erlernen einer psychomotorischen Fertigkeit 91
  - 4.5.2 Trainingsmaterial 92
- 4.6 Trainingsgrundlagen 93
  - 4.6.1 Bewegungsreiz 93
  - 4.6.2 Ergonomie 93
  - 4.6.3 Regressionsvermeidung 94
- 4.7 Trainingsprogramm.. 94
  - 4.7.1 Training 1 – Training von Motorik und visueller Textverarbeitung 95
  - 4.7.2 Training 2 – Anpassung durch systematische Überforderung.... 96
  - 4.7.3 Training 3 – Zwei Leseformen und Überkompensation 97
  - 4.7.4 Training 4 – Schnelllesen mit Erinnerungstraining 99
  - 4.7.5 Training 5 – Schnelllesen mit Verständnistraining 100
- 4.8 Drei Gründe für die langfristige Verwendung eines Lese-Stifts 102
- 4.9 Lesetests zur Fortschrittsmessung 102
  - 4.9.1 Text 1 – Veräußerung von Anteilen an einer GmbH 102
  - 4.9.2 Text 2 – Grundlagen der Besteuerung – die Gewinnermittlung .. 106
  - 4.9.3 Text 3 – Verdeckte Gewinnausschüttungen bei Organgesellschaften 110
  - 4.9.4 Text 4 – Steuerpflicht der in Großbritannien und Deutschland tätigen Limited........................ 115
  - 4.9.5 Text 5 – Sitz der Gesellschaft 119

Steuerparagrafenliste 125

Autoren 133

Weitere Fachliteratur der Autoren 137

Sachverzeichnis 139

Abbildungsverzeichnis

Abb. 1.1	Fiktive Route	15
Abb. 1.2	Einfaches Zahlenmerksystem	25
Abb. 2.1	Aufbau Paragrafenzitat	40
Abb. 2.2	Aufbau Paragraf	40
Abb. 3.1	Der gelungene Vortrag	66
Abb. 3.2	Korrekturmöglichkeiten während des Vortrags	68
Abb. 3.3	Vorbereitung	69
Abb. 4.1	Erhöhung Textverständnis durch höhere Lesegeschwindigkeit	74

Übungsverzeichnis

Übung 1: Einkaufsliste 2
Übung 2: Einkaufsliste mit einer Geschichte 3
Übung 3: Visualisieren von Begriffen 5
Übung 4: Visualisieren von abstrakten Begriffen 6
Übung 5: Genaues Visualisieren eines Objektes 6
Übung 6: Visualisieren mit allen Sinnen 6
Übung 7: Visualisieren schwieriger Begriffe 7
Übung 8: Verknüpfen von Begriffen 8
Übung 9: Eine Geschichte erfinden 10
Übung 10: Geschichtentechnik für schwirige Begriffe 11
Übung 11: Geschichtentechnik für steuerliche Begriffe 12
Übung 12: Konzentrationsübung 13
Übung 13: Fiktive Route 16
Übung 14: Routentechnik 17
Übung 15: Mit der Routentechnik durch Europa 18
Übung 16: Route in Ihrer Wohnung 19
Übung 17: EU-Staaten 20
Übung 18: Bilderalphabet 23
Übung 19: Einfaches Zahlenmerksystem 24
Übung 20: Zahlen mit dem Mastersystem visualisieren 28
Übung 21: Zahlen mit dem Mastersystem merken 28
Übung 22: Zweistellige AO-Paragrafen 45
Übung 23: Dreistellige AO-Paragrafen 45
Übung 24: Grundfreibetrag für Eheleute 49
Übung 25: Pausch- und Freibeträge im EStG 50
Übung 26: Beträge im UStG 50
Übung 27: verdeckte Gewinnausschüttung und verdeckte Einlage 51
Übung 28: Definition von Steuern 62
Übung 29: Verdrehte Buchstaben 88

Beispielverzeichnis

Beispiel 2.1: Mastersystem als Spruch 43
Beispiel 2.2: Markiertechnik 47
Beispiel 2.3: Verlinkung zu längeren Paragrafen und Absätzen 48
Beispiel 3.1: mündliche Prüfung 61
Beispiel 3.2: Entspannungsübung 72

Gedächtnistechniken

Christiane Stenger

1.1 Einführung

Soweit wir heute wissen, war es Aristoteles, der sich in seiner Schrift „Über die Seele" als Erster mit dem Phänomen des Denkens auseinandersetzte und feststellte, dass man nicht ohne Bilder denken, sich also auch nicht ohne Bilder erinnern könne. So liegt auch der Ursprung der Gedächtnistechniken in der Antike und es verwundert nicht, dass die Griechen Mnemosyne, die Göttin des Gedächtnisses, verehrten. Von ihr leitet sich auch der Begriff der Mnemotechnik ab. Doch erst die Medienberichte über die erstaunlichen Rekorde, die während der Gedächtnisweltmeisterschaften seit Beginn der 90er-Jahre erzielt wurden, führten zu einem neuerlichen Interesse an diesen Techniken. Inzwischen stehen spezielle Systeme auch für individuelle Anforderungen wie zum Beispiel die Vorbereitung auf das Steuerberaterexamen zur Verfügung.

Wichtig für das Erinnern und damit auch für das Lernen ist es zu wissen, dass auf den Lernprozess aktiv Einfluss genommen werden kann. Interesse spielt dabei eine große Rolle. Wer sich für eine Sache begeistert und interessiert, dem fällt es sehr leicht, sich neue Informationen zu merken. So gibt es sicherlich auch im Steuerrecht Themenfelder, die Ihnen entgegenkommen und in die Sie sich schneller einarbeiten können als in andere. Neue Informationen sind außerdem leichter aufzunehmen, wenn sie sich etwas bereits Bekanntem zuordnen lassen. Wer sich zum Beispiel im Bereich Unternehmensbesteuerung schon gut auskennt, für den wird es kaum ein Problem sein, sich neue Informationen zu diesem Komplex einzuprägen. Sein Gehirn verfügt über zahlreiche Anknüpfungspunkte, um neue Daten einzuordnen. Dieses Verknüpfen von neuen Informationen mit bereits Bekanntem ist auch beim Gedächtnistraining von großer Bedeutung. Aber besonders eindrücklich prägen sich Informationen ein, die außergewöhnlich sind. Niemand erinnert sich am Abend mehr an den Herrn im grauen Anzug, der morgens in den Bus oder in die U-Bahn einstieg. Wenn dieser Herr jedoch ein Hühnchen-Kostüm getragen hätte, könnte sich jeder – tagelang – noch an ihn erinnern.

Diese Punkte – Interesse, Zuordnen und Außergewöhnliches – spielen beim nachhaltigen Lernen eine wichtige Rolle, denn

- wer interessiert bzw. motiviert ist, bringt große Aufmerksamkeit und Konzentration auf,
- wer neues Wissen einordnet, d. h. in größere Zusammenhänge stellt, hat mehr Zugriffsmöglichkeiten auf die abgespeicherten Informationen und
- wer Informationen ungewöhnlich aufbereitet, wird sich leichter an sie erinnern.

Wie funktionieren nun Gedächtnistechniken und vor allem, wie lassen sie sich beim Lernen für eine bevorstehende Steuerberaterprüfung nutzen. Ein kleines Erfolgserlebnis soll Sie überzeugen und motivieren, sich mit diesen Methoden auseinander zu setzen und sie für Ihre Prüfungsvorbereitung zu nutzen. Denn Motivation ist alles. Jeder kennt die Situation der ersten spontanen Begeisterung für etwas Neues. Doch oft gelingt es nicht, diesen Enthusiasmus über einen längeren Zeitraum zu retten und sich nicht nur kurze Zeit mit einem neuen Thema zu beschäftigen.

Oft werden diese Techniken am Anfang eher als Umweg denn als eine Hilfe empfunden. Doch die vielen hilfreichen Beispiele und zahlreichen Tipps werden dazu führen, dass ein Lernen ohne Gedächtnistechniken bald gar nicht mehr denkbar erscheint, denn diese Techniken bieten die Chance, in eine neue Welt des Lernens einzutauchen und das eigene Potenzial und die Freude an einem erfolgreichen Lernen (wieder) zu entdecken. Es ist erstaunlich, um wie viel Prozent sich die effektive Gedächtnisleistung und somit auch die eigene Lernfähigkeit mit diesen Techniken steigern lassen. Außerdem erhöht sich nicht nur die eigene Merkfähigkeit, sondern nebenbei lassen sich auch noch andere Fähigkeiten wie Konzentration oder Wahrnehmung weiter entwickeln.

Einen Einstieg in die Gedächtnistechniken bilden die beiden ersten kurzen Übungen, für deren Bearbeitung Sie nur wenige Minuten brauchen.

Übung 1: Einkaufsliste

Lesen Sie die zwölf Begriffe einer fiktiven Einkaufsliste aufmerksam durch und versuchen Sie, sich möglichst viele Wörter in der richtigen Reihenfolge einzuprägen.

1. Katzenfutter
2. Sahne
3. Handcreme
4. Paprika
5. Wurst
6. Joghurt
7. Schnittlauch
8. Multivitaminsaft
9. Rosenkohl
10. Salz
11. Kakao
12. Sieb

1.1 Einführung

Wie beurteilen Sie das heutige Wetter, ohne aus dem Fenster zu schauen?
....

Nun decken Sie die zwölf Begriffe der Einkaufsliste bitte ab und lösen die folgenden Rechenaufgaben.

$7 + 24 =$ ....
$3 \times 17 =$ ....
$64 : 8 =$ ....
$57 - 19 =$ ....

Nach dieser kleinen Recheneinlage lassen Sie bitte die Begriffe abgedeckt und tragen so viele wie möglich aus Ihrem Gedächtnis hier ein.

1. ....
2. ....
3. ....
4. ....
5. ....
6. ....
7. ....
8. ....
9. ....
10. ....
11. ....
12. ....

So, wie ging es Ihnen? Es ist bestimmt nicht die einfachste Übung, sich zwölf Begriffe nach einmaligem Durchlesen zu merken

Übung 2: Einkaufsliste mit einer Geschichte

Lesen Sie nun die folgende kleine Geschichte aufmerksam durch und versuchen Sie dabei, sich diese in Bildern vorzustellen und sie wirklich vor Ihrem inneren Auge zu sehen; das ist ganz entscheidend. Probieren Sie, die Geschichte nicht nur möglichst deutlich zu visualisieren, sondern auch alle übrigen Sinne zu aktivieren. Am Ende der Geschichte sollen Sie sich dann an die fett gedruckten Wörter erinnern, die zwölf Begriffe einer zweiten Einkaufsliste.

Sie halten einen aufgesprungenen **Joghurt**becher in der Hand, aus dem glitschiges **Haargel** herunter tropft. Sie fangen es auf und streichen es sich in die Haare, wohin auch sonst und finden dort plötzlich ein **Quietscheentchen**, das eine rote **Mütze** trägt. Daran klebt ein Stückchen **Käse**, das wie die alte **Socke** stinkt, die gerade vor Ihnen liegt. Sie heben sie auf und entdecken, dass darin eine **Banane** versteckt ist. Sie halten sich die Banane ans Ohr, da sie aussieht wie ein **Handy** (sie müssen ja auch noch beim Handyladen vorbei) und rufen den **Keks** an, der Ihnen erzählt, dass er viel zu viel **Bier** getrunken hat. Ihm geht es ganz schlecht und er will unbedingt **Kopfschmerztabletten** nehmen und einen **Hering** essen.

Da dieses Visualisieren eine ungewohnte Übung ist, gehen Sie bitte in Gedanken diese Geschichte noch einmal kurz durch. Lassen Sie sie wie einen Film vor Ihrem inneren Auge ablaufen und verdeutlichen Sie sich die Bilder, bei denen Sie vielleicht noch Schwierigkeiten hatten. Wenn Sie sich nun sicher fühlen, fahren Sie fort, ansonsten lesen Sie die Geschichte noch einmal in Ruhe durch und schmücken Sie sie vielleicht noch selbst mit einigen Details aus.
Nun lösen Sie zunächst wieder ein paar kleine Rechenaufgaben.

$7 + 15 =$ ....
$19 - 6 =$ ....
$4 \times 18 =$ ....
$81 : 3 =$ ....

Wissen Sie noch, was Sie gestern zu Mittag gegessen haben?
....

Lassen Sie nun die Geschichte nochmals Revue passieren und versuchen Sie wieder, so viele Begriffe wie möglich aufzuschreiben.

1. ....
2. ....
3. ....
4. ....
5. ....
6. ....
7. ....
8. ....
9. ....
10. ....
11. ....
12. ....

Bestimmt haben Sie sich mit Hilfe dieser Geschichte an fast alle Begriffe der Einkaufsliste erinnert! Wenn nicht, ist das auch nicht schlimm, denn das Training hat ja noch nicht einmal begonnen. Vielleicht sind Sie gerade auch nicht konzentriert genug an die Übung herangegangen. Konzentration ist jedoch bei fast allen Aufgaben erforderlich, die Sie zu bewältigen haben, besonders beim Lernen. Aber selbst Konzentration ist eine Fähigkeit, die man trainieren kann. Die Gedächtnistechniken eignen sich hierfür sehr gut, denn Sie lernen beim Gehirnjogging den Zustand der Konzentration bewusst kennen, so dass Sie ihn in bestimmten Situationen – wie Prüfungen – bewusst abrufen können. Und nicht nur das. Wie Sie gerade bei Ihrem Erfolgserlebnis gesehen haben, setzen Sie beim Memorieren mit Hilfe lustiger oder ungewöhnlicher Geschichten sehr viel Fantasie und Kreativität ein – die wichtigsten Eigenschaften für die erfolgreiche Mandantenberatung und Steuergestaltung.

Falls Sie in diesem Bereich noch Schwierigkeiten haben, ist das kein Problem, denn auch Kreativität lässt sich fördern. Die Gedächtnistechniken bieten hierzu eine außergewöhnliche Möglichkeit. In den folgenden Kapiteln werden Sie noch weitere „soft skills" kennen lernen, die sich mit Gedächtnistraining verbessern lassen.

Wenn Sie wollen, können Sie auch noch mal zur ersten Übung zurückblättern und sich auch zu diesen Begriffen eine eindrucksvolle Geschichte ausdenken. Sie werden dabei schnell merken, dass eigene Geschichten noch besser in Erinnerung bleiben. Sicherlich können Sie sich mit Hilfe Ihrer selbst erfundenen Geschichte nun auch leicht an diese zwölf Begriffe erinnern. Falls Sie beim Geschichtenausdenken noch Schwierigkeiten haben, finden Sie in Abschn. 1.9 einen Lösungsvorschlag zu der Einkaufsliste aus Übung 1.

1.2 Grundbausteine der Gedächtnistechniken

Die Gedächtnis- bzw. Lerntechniken nutzen die Denkweise unseres Gehirns, sich leichter an Bilder als an abstrakte Informationen zu erinnern und so basiert das Training mit Gedächtnistechniken auf drei Schritten, nämlich auf Visualisieren, Verknüpfen und Wiederholen.

1.2.1 Visualisieren

In Bildern zu denken, gehört zu unserer natürlichen Erinnerungsfähigkeit. Sie können sich selbst davon überzeugen.

> **Übung 3: Visualisieren von Begriffen**
> Welche Bilder tauchen spontan vor Ihrem geistigen Auge auf, wenn Sie zum Beispiel an folgende Begriffe denken:
>
> - Ostern
> - Feuerwerk
> - oder an Ihren letzten Geburtstag

Die Bilder, die Sie gesehen haben, waren entweder konkrete Gegenstände oder Erinnerungen an bestimmte Situationen mit entsprechenden Sinneswahrnehmungen und Emotionen. Aber das Erstaunliche ist, dass sich auch schwierige oder abstrakte Begriffe visualisieren lassen.

Übung 4: Visualisieren von abstrakten Begriffen

Welche Bilder tauchen vor Ihnen auf, wenn Sie zum Beispiel an folgende Wörter denken?

- Steuerkanzlei
- Freiheit
- Gerechtigkeit

Bei dem Begriff „Steuerkanzlei" sehen Sie vermutlich eine konkrete Kanzlei vor Ihrem geistigen Auge, vielleicht einen Büroraum, in dem Sie einmal ein Praktikum gemacht haben oder in dem Sie momentan arbeiten.
Bei „Freiheit" kommt Ihnen vielleicht die Freiheitsstatue in New York in den Sinn oder, wenn Sie kunstbegeistert sind, das Bild von Delacroix.
Und bei „Gerechtigkeit" sehen Sie möglicherweise eine Statue der Justitia oder das Eingangsportal eines Justizpalasts.

Jedem Leser werden zu diesen Begriffen ganz eigene Bilder einfallen. Doch sie sind nicht so scharf und deutlich wie eine Fotografie, aber doch so klar, dass man ihren Inhalt erkennen und später auch wieder abrufen kann. Und genau diese Vorstellungsfähigkeit wird beim Lernen mit Gedächtnistechniken genutzt.

Dieses Visualisieren, das wie schon erwähnt auch unserer natürlichen Erinnerungsfähigkeit entspricht, ist einer der Grundbausteine aller Gedächtnistechniken. Doch durch die Entwicklung von Fotografie, Film und Fernsehen werden wir heute immer mehr mit Bildern verwöhnt und sind nicht mehr gefordert, die Fantasie zur Ausschmückung von Gehörtem oder Gelesenem einzusetzen, so dass unsere Fähigkeit zur Visualisierung immer mehr zu verkümmern droht. Eigenständig Bilder machen wir uns vielleicht noch, wenn wir Radio hören oder die Zeit finden, einen Roman zu lesen oder wenn wir an unser nächstes Urlaubsziel denken.

Im Folgenden finden sich nun drei kleine Übungen zur Anregung Ihrer Fantasie bzw. zum Visualisieren und Einbinden Ihrer übrigen Sinnesorgane und Emotionen. Mit Hilfe dieser Technik lassen sich nicht nur einfache Dinge vorstellen, sondern mit ein wenig Übung bald auch komplexe Lerninhalte in Bilder umwandeln und somit Lernstoff langfristig und auf unterhaltsame Art und Weise abspeichern.

Übung 5: Genaues Visualisieren eines Objektes

Was sehen Sie, wenn Sie an ein **Buch** denken? Ist es groß oder klein? Hat es viele Seiten oder ist es ein schmales Bändchen? Ist es noch neu und in Folie verpackt? Können Sie in Gedanken das Buch aufschlagen und durchblättern? Wie groß ist die Schrift? Gibt es Abbildungen? Haben Sie das Cover genau vor Augen und können Sie den Titel lesen?

Übung 6: Visualisieren mit allen Sinnen

Stellen Sie sich zunächst einmal einen **Apfel** vor. Vielleicht schließen Sie hierzu kurz die Augen.

1.2 Grundbausteine der Gedächtnistechniken

Welche Farbe hat der Apfel? Ist er ganz gelb, rot oder grün? Oder zeigt er mehrere Farben? Hat er einen Stiel, vielleicht sogar mit Blättern? Ist seine Oberfläche stumpf, glänzend oder schrumpelig? Riecht der Apfel? Verbinden Sie mit diesem Geruch bestimmte Gefühle? Wie klingt es, wenn Sie reinbeißen? Wie schmeckt der Apfel? Süß, sauer oder beides? Verbinden Sie mit einem Apfel konkrete Erinnerungen?

> **Übung 7: Visualisieren schwieriger Begriffe**
>
> Stellen Sie sich einen **Paragrafen** vor. Ist er als schwarzes Zeichen auf weißem Papier gedruckt? Wie groß ist er? Können Sie sich ihn in einer anderen Farbe oder auf einem farbigen Papier vorstellen? Oder ist er vielleicht ein Gegenstand, den Sie in der Hand halten können? Wie fühlt er sich an? Ist dieser Paragraf aus Glas oder Metall? Wie klingt es, wenn Sie mit diesem Paragrafen auf Holz klopfen oder hören Sie das Geräusch, wenn Sie ihn auf einen Steinboden fallen lassen?

Erinnern und damit auch Lernen hat mit Wahrnehmung zu tun. Wir erinnern uns umso besser an Bilder, je genauer und bewusster wir sie beobachtet haben. Denn je mehr Informationen wir über unsere Sinneserfahrungen in den einzelnen Regionen unseres Gehirns abspeichern, desto mehr Zugriffsmöglichkeiten stehen uns für die Erinnerung zur Verfügung. All unsere Fähigkeiten lassen sich schwerpunktmäßig speziellen Regionen unseres Gehirns zuordnen. So wird die linke Gehirnhälfte als Sitz unseres rationalen, logischen Denkens betrachtet, während die rechte Hemisphäre überwiegend zuständig ist für Emotionen, Kreativität, Mimik, Gestik, räumliche Orientierung. Durch die Wahrnehmung und Abspeicherung von Eindrücken mit allen Sinnen werden beide Gehirnhälften in höchstem Maß aktiviert, so dass sich das Potenzial optimal nutzen lässt.

Mit folgender Situation können Sie Ihre eigene Visualisierungsfähigkeit noch einmal prüfen.

Stellen Sie sich Ihr Handy vor und betrachten Sie in Gedanken einmal die Tastatur. Wenn Sie damit Probleme haben, können Sie Ihr Handy auch noch einmal genau anschauen, dann aber auch hier wieder die Augen schließen. Nun lassen Sie uns dem Handy einen Namen geben. Otto klingt doch ganz nett. Das Handy heißt also nun Otto. Hören Sie sich mal „Hallo, Otto" sagen und tauchen Sie das Handy einmal in knallrote Farbe, natürlich nur in Gedanken. Jetzt stellen Sie sich vor, wie Otto langsam grasgrün wird und wie Sie im Geiste mit einem Pinsel lila Tupfen auf das Handy malen. Lassen Sie es jetzt wieder in den normalen Zustand zurückkehren und drehen Sie es um seine eigene Achse.

Nun versuchen Sie sich einmal vorzustellen, wie Ihr Handy ganz groß wird, größer als der Raum, in dem Sie sich befinden und jetzt lassen Sie Otto einmal ganz klein werden, so dass er in ein Mauseloch passt. So, jetzt wird das Handy wieder normal groß. Es folgt nur noch eine Aufgabe und zwar wird Otto angerufen. Lassen Sie also in Gedanken Ihr Handy klingeln. Versuchen Sie den Klingelton zu hören oder fühlen Sie, wie das Handy in Ihrer Hand vibriert.

Sie haben sicher eindrucksvolle Bilder in Ihrem Kopf entstehen lassen und sind nun schon fit im Visualisieren.

1.2.2 Verknüpfen

Genauso wie das Visualisieren spielt das Verknüpfen eine ganz entscheidende Rolle beim Lernen mit Gedächtnistechniken. Wie erwähnt, prägen sich Informationen, die mit bereits bekanntem Wissen verknüpft werden, viel besser ein, weil die Informationen über verschiedene Ansätze wieder abrufbar sind. Genauso lassen sich Begriffe besser abspeichern, wenn sie visualisiert und miteinander verknüpft werden, als einzelne, voneinander unabhängige Wörter. Dies hat sich ja bei den Einkaufslisten der beiden ersten beiden Übungen deutlich gezeigt. Im folgenden Abschnitt wird nun das bewusste Verknüpfen von Informationen trainiert.

Wie das Visualisieren sollte auch das Verknüpfen erst einmal mit sehr einfachen Begriffen probiert werden. Die Beispiele scheinen vielleicht etwas banal, aber diese Übungen sind sehr hilfreich, um sich später konkrete Lerninhalte umso leichter einprägen zu können.

Übung 8: Verknüpfen von Begriffen

Wie lassen sich zwei willkürliche Begriffe, die in keiner stringenten Beziehung zueinander stehen, in irgendeinen außergewöhnlichen, verrückten oder lustigen Zusammenhang bringen und visualisieren, zum Beispiel **Gabelstapler und Serviette?**

Stellen Sie sich vor, dass Sie den Gabelstapler als Geburtstagsgeschenk in eine riesige, geblümte Serviette einwickeln.

Oder kleben Sie an den Gabelstapler lauter verschiedenfarbige Servietten, so dass seine ursprüngliche Form verschwindet.

Oder knoten Sie aus bunten Servietten einen „Drachenschwanz", den Sie an dem Gabelstapler befestigen und ziehen Sie ihn wie einen Drachen hinter sich her.

Versuchen Sie nun einmal als Kreativitätstraining eine Verknüpfung zwischen folgenden, willkürlich gewählten Worten zu kreieren und machen Sie sich jeweils Notizen zu Ihrem Bild. Anregungen hierzu finden Sie auch in Abschn. 1.9.

Faxgerät – Tomatensaft

....
....
....

Bleistift – Gürtel

....
....
....

1.2.3 Wiederholen

Auch beim Lernen mit Gedächtnistechniken bleibt Ihnen das Wiederholen nicht erspart, da nur so die Informationen aus unserem Kurzzeitgedächtnis ins Langzeitgedächtnis geleitet werden und so langfristig zur Verfügung stehen.

Doch lässt sich das Wiederholen durch den Einsatz der Techniken um ein Vielfaches verkürzen bzw. vereinfachen. Zum einen wird Lernen durch das Gedächtnistraining ein bewusster, interessanter Prozess. Zum anderen lässt sich beim Wiederholen mit den Techniken der bereits erreichte Wissensstand gezielt abfragen und es brauchen nur die Stellen oder Bereiche wiederholt oder vertieft werden, in denen noch Unsicherheit besteht. Da es Spaß macht, sich an die witzigen Bilder zu erinnern, lassen sich auch dem Wiederholen unterhaltsame Aspekte abgewinnen. Außerdem ist es einfach immer wieder faszinierend, wie viele Informationen sich mit Hilfe der Techniken zuverlässig abspeichern lassen. Jeder wird überrascht sein zu entdecken, was wirklich in ihm steckt.

Zurück zum Wiederholen! Ist die Geschichte mit der Einkaufsliste noch parat? Joghurt, Haargel etc.? Die Begriffe der ersten Einkaufsliste werden bestimmt nicht mehr so präsent sein, es sei denn, auch diese wurden zur Übung noch einmal mit einer Geschichte memoriert, also überlegen Sie noch einmal: Katzenfutter, Sahne etc.

Das Gehirn hat einen Filter, um Wichtiges von Unwichtigem zu unterscheiden. Nur „Merk-würdiges" gelangt auch in das Langzeitgedächtnis. Grundsätzlich sind 5 Wiederholungen nötig, damit der Filter passiert werden kann. Also z. B. nach einer Minute, nach einer Stunde, nach einem Tag, nach einer Woche und nach einem Monat.

Die Gedächtnistechniken haben vor allem den Vorteil, Wissen langfristig abspeichern zu können. Auch wenn ein Wiederholen weiterhin erforderlich ist, bleiben die Bilder und Bildergeschichten doch viel länger gespeichert als auf „normalem Wege".

Allerdings funktionieren die Gedächtnistechniken nur, wenn die etwas ungewohnte Art des Lernens akzeptiert wird und keine innere Sperre existiert, sich in eine wirklich andere Welt zu versetzen, in eine Welt, in der Handys manchmal Otto heißen und Kekse sprechen können.

Gedächtnistraining bietet die Chance, viele neue Seiten an sich zu entdecken oder beim Abspeichern von Informationen vielleicht auch seine kindliche Fantasie und Kreativität wieder zu entdecken.

1.3 Geschichtentechnik

Die Geschichtentechnik hat eine uralte Tradition. Vor noch nicht allzu langer Zeit, als nur die wenigsten Menschen lesen und schreiben konnten, wurden viele Geschichten und somit auch Wissen nur mündlich überliefert. Auch unsere Volksmärchen wurden zum Beispiel erst im 19. Jahrhundert von den Gebrüdern Grimm gesammelt und aufgeschrieben.

Wie die Geschichtentechnik funktioniert, wurde in den beiden kleinen Tests am Anfang deutlich: Alle zu merkenden Informationen werden zu einer möglichst ungewöhnlichen Geschichte miteinander verknüpft. Geschichten mit einer inneren Logik oder einem außergewöhnlichen Inhalt bleiben viel besser in Erinnerung als einzelne Wörter, vor allem, wenn diese Geschichten voller Bewegung, Farben oder Emotionen sind. Diese Technik, auch wenn sie kaum noch gepflegt wird, lässt sich auch heute sehr gut nutzen, um sich Informationen verschiedenster Inhalte einzuprägen. Es bedarf vielleicht etwas der Übung, um sich wirklich eindrucksvolle, verrückte Geschichten auszudenken und die zu merkenden Informationen in einen außergewöhnlichen Zusammenhang zu stellen. Aber dies lässt sich mit etwas Training ebenso leicht erlernen wie das Visualisieren.

Die Geschichtentechnik eignet sich besonders, um kleinere, in sich geschlossene Lerneinheiten effektiv abzuspeichern. Wie sich diese Technik beim konkreten Lernen einsetzen lässt, wird Ihnen am folgenden Beispiel deutlich werden:

Übung 9: Eine Geschichte erfinden

Angenommen, Sie wollen sich folgende Begriffe einprägen:

1. Stein
2. See
3. Bär
4. Esel
5. Hamburger
6. Rhein
7. Brandung
8. baden

Diese Begriffe können Sie sich zum Beispiel mit folgender Geschichte leicht merken: Ein **Stein** fällt in einen **See**, – hören Sie das Geräusch, wenn der Stein in den See plumpst oder sehen Sie die Kreise, die auf der Wasseroberfläche entstehen – dort sitzen gerade der **Bär** und der **Esel,** die genüsslich einen **Hamburger** verspeisen – hören Sie das Schmatzen der beiden – anschließend wandern sie weiter zum **Rhein** und gehen in der **Brandung baden.**

Setzen Sie nun die Geschichte mit folgenden Wörtern fort:

9. Brücke
10. Tür
11. niedergeschlagen
12. Dachs
13. essen
14. Brezel
15. anhalten
16. nordische Weste

Wenn Sie möchten, können Sie hier Ihre Geschichte notieren:
....
....
....

Falls Sie bei dieser Technik nicht gleich mit Ihrem ersten Einfall zufrieden sind, probieren Sie ruhig mehrere Varianten aus. Denkprozesse laufen sehr schnell ab und die in eine gute Geschichte investierte Zeit wird sich bei der Prüfung auszahlen, weil Sie sich zuverlässiger an den Lernstoff erinnern werden.

Nun decken Sie die Begriffe oben bitte ab und versuchen Sie, sich an alle 16 Wörter zu erinnern:

1. ....
2. ....
3. ....
4. ....
5. ....
6. ....
7. ....
8. ....
9. ....
10. ....
11. ....
12. ....
13. ....
14. ....
15. ....
16. ....

Mit diesen Begriffen haben Sie sich nun aber nicht nur wahllos Wörter gemerkt, sondern 16 Merkwörter eingeprägt, hinter denen sich die 16 Bundesländer Deutschlands verbergen. Mit dieser Übung sollte Ihnen noch einmal bewusst werden, dass sich tatsächlich auch abstrakte Informationen, wie die Bundesländer in einfache Bilder umwandeln lassen. Aber nun versuchen Sie herauszufinden, welcher Begriff für welches Bundesland steht.

Der Stein kommt in Schleswig-Hol**stein** vor.
Der See steht für die Seenplatte von …? Mecklenburg-Vorpommern.
Fallen Ihnen auch die anderen Bundesländer spontan ein?
Sonst schauen Sie in Abschn. 1.9 unter Lösung zur Übung 9 nach.

Übung 10: Geschichtentechnik für schwierige Begriffe

Merken Sie sich nun noch einmal folgende Begriffe mit Hilfe einer eindrucksvollen Geschichte:

- Mandant
- Erbschaft
- Zoll
- Steuererklärung
- Termin

Lassen Sie Ihrer Kreativität freien Lauf:

....

....

....

Falls Sie beim Ausdenken der Geschichten noch Schwierigkeiten hatten, können Sie sich in Abschn. 1.9 Anregungen holen.

Übung 11: Geschichtentechnik für steuerliche Begriffe

Denken Sie sich bitte zu den unten stehenden Wörtern eine fantasievolle Geschichte aus und prägen Sie sich alle sieben Begriffe ein. Schätzen Sie einmal, wie lange Sie brauchen und kontrollieren Sie später die Zeit mit einem Blick auf die Uhr. Notieren Sie auch, wie viele Begriffe Sie sich in der richtigen Reihenfolge gemerkt haben. So gewinnen Sie einen Vergleichswert, um Ihre spätere Leistungssteigerung beurteilen zu können.

1. Leistungsform
2. Leistungsort
3. Befreiungen
4. Bemessungsgrundlage
5. Steuersatz
6. Entstehung der Steuer
7. Steuerschuldner

....

....

....

Anregungen zu dieser Geschichte finden Sie wieder in Abschn. 1.9.
Aber haben Sie eine Idee, welchen Prüfungsstoff Sie gelernt haben? Es ist die Prüfreihenfolge nach dem Umsatzsteuergesetz (§§ 1, 3, 4, 10 bis 13 UStG).

Mit der Zeit werden Sie herausfinden, wie weit Sie Ihre Geschichten ausschmücken können, ohne durcheinander zu kommen. Da unser natürliches Gedächtnis immer aktiv ist, werden Sie wissen, welches die entscheidenden Begriffe in Ihrer Geschichte sind.

Nach ein wenig Übung kann es hilfreich sein, sich beim Merken ein Zeitlimit zu setzen. Zum einen gehen Sie dann effektiver vor und zum anderen setzen Sie sich in gewissem Maße künstlich unter Stress und können dann auch in einer Prüfungssituation besser mit dem Zeitdruck umgehen.

> **Übung 12: Konzentrationsübung**
> Wie oft kommt in diesem Satz das Wort „ich" vor?
> Vielleicht finden Sie wirklich gleich eine richtige Geschichte, mit der Sie nicht nur endlich wichtige Stichpunkte und Zeichen speichern und aufzeichnen, sondern sich sicherlich auch an Ihre reichlichen Pflichten erinnern.
> Falls Sie nicht 18 mal das Wort „ich" gefunden haben, können Sie in Abschn. 1.9 unter Konzentrationsübung nachschauen.

1.4 Routenmethode

Die Routenmethode, auch Loci-Methode genannt, basiert auf der Festlegung bestimmter Punkte in einem Raum, die als Gedächtnisstütze dienen. Vor allem die bekannten Redner Griechenlands beeindruckten ihre Zuhörer mit ihren frei gehaltenen Reden. Sie nutzten die Säulen der öffentlichen Gebäude als Gedächtnisstützen. Jedes Thema, über das sie sprechen wollten, charakterisierten sie mit einem Bild und verbanden es der Reihe nach mit den Säulen des Bauwerks. Während ihrer Rede wanderten sie in Gedanken von Säule zu Säule und hatten so immer ihren nächsten Stichpunkt als Bild vor Augen. So konnten sie – ohne Spickzettel – flüssig sprechen.

Diese Routentechnik ist schnell gelernt und anders als bei der Geschichtentechnik lassen sich mit ihrer Hilfe die einzelnen Begriffe auch noch zuverlässiger in der richtigen Reihenfolge einprägen und man kann immer kontrollieren, ob alles vollständig abgespeichert wurde.

Statt in den Säulenhallen der Antike können Routen in den Räumen der eigenen Wohnung, etwa im Wohnzimmer, Flur, in Küche oder Bad etc. angelegt werden. Im Prinzip eignen sich alle vertrauten Räume, also auch die Wohnungen oder Häuser von Verwandten, Freunden oder Bekannten. Im Übrigen steht die ganze Welt für Routen zur Verfügung: Routen lassen sich nicht nur in Bürogebäuden, Hotels, Veranstaltungsräumen, sondern auch in Museen, ja selbst auf Spaziergängen anlegen. Wichtig beim Festlegen von Routen ist jedoch, dass der Weg durch diese Räume, Gebäude oder Städte leicht und zuverlässig abrufbar ist und jeder einzelne Routenpunkt wirklich gut visualisiert werden kann. Es ist vor allem genau darauf zu achten, dass die Punkte in einer logischen Reihenfolge ausgewählt werden, denn diese Punkte bilden schließlich das Merkgerüst.

Am Anfang werden nur wenige und kurze Routen zur Verfügung stehen. Routen lassen sich zwar immer wieder verwenden, doch nicht zu schnell hintereinander, denn dann besteht die Gefahr, die abgelegten Bilder miteinander zu verwechseln. Für die Prüfungsvorbereitung können immer mehr und immer längere Routen gebraucht werden. Daher sollte das Anlegen der Routen gleich von Anfang an in Zehnerschritten erfolgen, so dass sich die einzelnen Routen später ohne Probleme miteinander verbinden lassen, ohne den Überblick zu verlieren.

▸ **Hinweis 1.1: Videospiele** Auch Videospiele lassen sich zum Gedächtnistraining verwenden. Wer ein gutes Videospiel gespielt hat, kennt die Routen meist noch nach Jahren auswendig. Das ist eine ideale Grundlage um Ihren Lernstoff abzulegen.

Noch ein paar Tipps bevor es richtig losgeht:

1. Gehen Sie immer nur in einer Richtung durch die Räume, z. B. im Uhrzeigersinn.
2. Wählen Sie nur Routenpunkte aus, die ungefähr auf gleicher Höhe liegen, sonst besteht die Gefahr, dass Sie einen Punkt übersehen und auslassen.
3. Suchen Sie nur markante Gegenstände als Routenpunkte aus, die wirklich einen festen Platz in diesem Raum haben. Wählen Sie also nicht die Tageszeitung, die gerade auf dem Tisch liegt, denn sie wird sicherlich nicht dauerhaft dort liegen; es sei denn Ihre Tageszeitung hat einen festen Platz auf diesem Tisch.
4. Denken Sie bei jedem Routenpunkt daran, dass Sie den Gegenstand noch mit einer neuen Information verknüpfen werden. So genannter Schnick-Schnack ist oft ungeeignet, da Sie sich möglicherweise nicht immer gut an diesen „Kleinkram" erinnern werden, es sei denn, er hat einen großen emotionalen Wert für Sie. Dadurch erhöht sich natürlich die Chance um ein Vielfaches, das Bild zu diesem Routenpunkt in unvergesslicher Erinnerung zu behalten. Aber trotzdem, nehmen Sie nicht zu viele solch kleiner Gegenstände in Ihre Route auf. Die Gefahr ist wirklich zu groß, dass man diese Routenpunkte auslässt.
5. Haben Sie keine Angst, gleiche Gegenstände wie Schrank, Bett, Tür oder Ähnliches in Ihre Routen aufzunehmen. Sie werden sie immer im „richtigen" Zimmer sehen und sie nicht verwechseln. Bei vielen Gedächtniskünstlern, die teilweise über 3000 Routenpunkte festgelegt haben, kommen in den Routen über Hunderte von Fernsehern, Stereoanlagen und Lampen vor. Die vielen Schränke, Tische, Stühle, Betten und Regale und auch die vielen Toiletten, Badewannen, Duschen und Waschbecken kann man wahrscheinlich schon gar nicht mehr zählen. Aber das ist nun mal so, da die Gegenstände wohl in jeder Wohnung vorkommen.
6. Testen Sie, wie weit oder wie eng Ihre Routenpunkte am besten nebeneinander liegen sollten, damit Sie alle Bilder gut abspeichern können. Jeder entwickelt hierbei besondere Vorlieben. Als Faustregel gilt, maximal drei Routenpunkte pro Meter auszuwählen. Das ist natürlich nur ein Richtwert, aber wenn zu viele Routenpunkte zu nah beieinander liegen, kann es für das Gehirn zu verwirrend werden. Aber probieren Sie es einfach selbst aus!
7. Wiederholen Sie Ihre Routen bei allen Gelegenheiten, in denen Ihre Aufmerksamkeit nicht gefordert ist, z. B. beim U-Bahn fahren, abends kurz vor dem Einschlafen oder beim Zähne putzen. Falls Sie gerne Joggen gehen, memorieren Sie dabei Ihre Routen. Sie werden sich wundern, wie schnell die Zeit vergeht.

1.4 Routenmethode

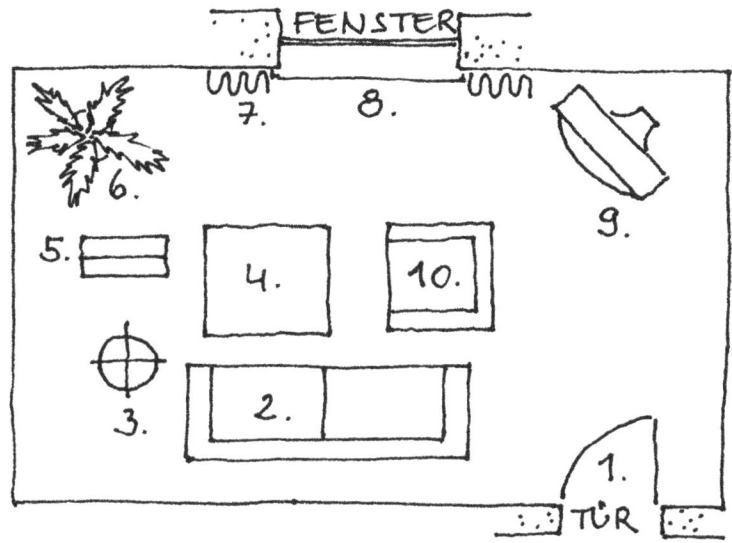

Abb. 1.1 Fiktive Route (Daniela Horn, München)

Fiktive Route Damit gemeinsam mit der Routentechnik trainiert werden kann, finden Sie hier nun eine Route in einem fiktiven Wohnzimmer. Da dieser Raum meistens die gleiche Grundausstattung hat, ist die Einrichtung dieses Zimmers sicher gut visualisierbar.

1. Tür
2. Sofa
3. Stehlampe
4. Tisch
5. Zeitungsständer
6. Pflanze
7. Vorhang
8. Fenster
9. Fernseher
10. Sessel

Wie erwähnt, prägen sich Informationen besser ein, wenn Neues mit bereits Bekanntem verknüpft wird. Diese Eigenschaft des Gehirns nutzt auch die Routenmethode. Hier stellen die Routenpunkte das bereits bekannte Wissen dar, mit denen die neuen Informationen einfach in Form eines Bildes verknüpft werden. Stellen Sie sich dies wie das Ordnungssystem einer Bibliothek vor. Nur wenn alle Bücher systematisch in den Regalen stehen, lässt sich auf Anhieb ein Buch finden.

Lassen Sie auch bei dieser Technik möglichst viele Sinneseindrücke und Emotionen in die Bilder einfließen. Wie gesagt, je mehr Bereiche im Gehirn angesprochen werden, desto größer ist die Zahl der Anknüpfungspunkte, die Ihnen zur Erinnerung zur Verfügung steht.

Schauen Sie sich den Grundriss noch einmal in Ruhe an und stellen Sie sich den Raum vor. Sie beginnen an der Türe und gehen in Gedanken im Uhrzeigersinn durch den Raum. Versuchen Sie jeden einzelnen Routenpunkt vor Ihrem inneren Auge zu sehen.

Übung 13: Fiktive Route

Sie wollen sich nun mit Hilfe dieser fiktiven Route die Eigenschaften einprägen, zu denen ein Steuerberater bei der Ausübung seiner übernommenen Aufgaben verpflichtet ist, nämlich

- gewissenhaft,
- unabhängig,
- verschwiegen,
- eigenverantwortlich,
- werbefrei.

Wie lässt sich nun das erste zu merkende Wort „**gewissenhaft**" mit dem ersten Routenpunkt, der **Tür,** verbinden? Haben Sie schon ein Bild im Kopf?

Hier könnten Sie sich zum Beispiel vorstellen, wie Sie immer „**gewissenhaft**" die Tür zu machen, wenn Sie das Zimmer betreten oder verlassen. Oder Sie reden der Tür so lange ins Gewissen, dass sie sich auf Zuruf von alleine gewissenhaft schließt. Ein anderes Bild wäre die Vorstellung, dass ein Zettel mit der Aufschrift „gewissenhaft" an der Tür klebt, so dass Sie immer daran denken, die Tür gewissenhaft hinter sich zu zumachen. Sie sehen, es gibt viele Möglichkeiten. Aber Sie haben bestimmt schon ein ganz eigenes gutes Bild im Kopf. Auch hier, bei der Routenmethode, ist wieder zu beachten, dass man sich die Verknüpfungen nicht nur ausdenkt, sondern auch tatsächlich als Bild sieht.

Auf dem zweiten Routenpunkt **Sofa** liegt die Zeitung „Independent", die hier für die Eigenschaft „**unabhängig**" steht.

Die **Stehlampe**, der dritte Routenpunkt, ist sehr „**verschwiegen**". Ihr können Sie jedes, wirklich jedes Geheimnis anvertrauen.

„**Eigenverantwortlich**" könnten Sie mit folgendem Bild visualisieren: Der **Tisch**, der vierte Routenpunkt, zeigt sich wirklich „**eigenverantwortlich**", indem er sich immer selbst verschiebt, wenn jemand das Zimmer betritt.

Und auf dem fünften Routenpunkt, dem **Zeitungsständer**, liegen ganz viele **Wer**beprospekte, die sie nerven und deshalb wegwerfen. So ist Ihr Zeitungsständer „**werbefrei**".

Dies war nun ein erstes Beispiel mit der Routenmethode. Wenn Ihnen spontan andere Bilder einfallen, ist das natürlich umso besser.

1.4 Routenmethode

Gehen Sie nun in Gedanken die Route kurz durch und notieren Sie die fünf Begriffe.

- ....
- ....
- ....
- ....
- ....

Sie sehen, dass diese Technik auch funktioniert, wenn es anspruchsvoller wird und man mit abstrakten Begriffen zu tun hat. Mit etwas Übung lassen sich alle Wörter leicht in Bilder umsetzen.

Nun versuchen Sie einmal, sich einfache Begriffe ohne Anleitung mit dieser Technik zu merken.

Übung 14: Routentechnik

Stellen Sie sich vor, Sie schreiben am nächsten Tag die Steuerberaterprüfung und wollen an folgende Sachen denken. Versuchen Sie, sich alle Begriffe mit Hilfe der Routentechnik in der richtigen Reihenfolge einzuprägen.

Beginnen Sie wieder bei der Tür und verknüpfen Sie der Reihe nach die einzelnen Begriffe mit den Punkten der fiktiven Route zu einem fantasievollen Bild. Sie können zwischendrin ruhig noch einen Blick auf die Abfolge der Routenpunkte bzw. auf die dazugehörige Abbildung werfen.

Nehmen Sie sich Zeit, um Ihre Bilder auszuschmücken. Erst nach etwas Übung sollten Sie auch beginnen, auf die Zeit zu achten.

1. Block
2. Textmarker
3. Kugelschreiber
4. Taschenrechner
5. Studentenfutter
6. Glücksbringer
7. Traubenzucker
8. Wasser
9. Uhr
10. Tempotaschentücher

Falls Sie noch Anregungen brauchen, finden Sie Lösungsvorschläge wieder in Abschn. 1.9.

Decken Sie nun die Begriffe ab und notieren Sie, was Sie sich eingeprägt haben.

1. ....
2. ....
3. ....
4. ....
5. ....
6. ....
7. ....
8. ....
9. ....
10. ....

Übung 15: Mit der Routentechnik durch Europa

Versuchen Sie nun, sich die folgenden Begriffe nochmals mit dieser Route zu merken. Die Routen werden hier nur zu Übungszwecken doppelt belegt. Bei der Prüfungsvorbereitung werden Sie Ihre Routen natürlich nicht öfters nutzen, um nichts zu verwechseln.

1. Belgische Pralinen
2. Boulekugeln
3. D-Mark
4. Bier
5. Essen
6. Skispringen
7. Baguette
8. Tempel
9. Irrer
10. Spaghetti

Decken Sie nun wieder die Wörter ab. Gehen Sie in Gedanken noch einmal die Route in Ruhe durch und erinnern Sie sich an jede einzelne Verknüpfung. Nun notieren Sie alle Begriffe, an die Sie sich erinnern.

1. ....
2. ....
3. ....
4. ....
5. ....
6. ....
7. ....
8. ....
9. ....
10. ....

1.4 Routenmethode

Dies waren nun ebenfalls keine beliebigen Begriffe, die Sie sich gerade einprägten. Haben Sie eine Idee, was dahinter steht? Es sind in alphabetischer Reihenfolge die ersten zehn EU-Staaten. Also Belgien, Bulgarien, Dänemark, Deutschland, Estland, Finnland, Frankreich, Griechenland, Irland und Italien.

Anregungen zu möglichen Verknüpfungen mit den Routenpunkten finden Sie wieder in Abschn. 1.9.

Übung 16: Route in Ihrer Wohnung

Legen Sie nun eine erste eigene Raumroute in Ihrer Wohnung mit mindestens 20 Routenpunkten an. Beginnen Sie an Ihrer Wohnungs- oder Haustür, gehen Sie in einer Richtung durch die Räume. Tragen Sie die markanten Punkte dieser Route – zum Beispiel Garderobe, Kommode oder Spiegel im Flur – entsprechend Ihrer persönlichen Möblierung in die Liste ein:

1. ....
2. ....
3. ....
4. ....
5. ....
6. ....
7. ....
8. ....
9. ....
10. ....
11. ....
12. ....
13. ....
14. ....
15. ....
16. ....
17. ....
18. ....
19. ....
20. ....

Skizzieren Sie hier Grundriss und Möblierung Ihrer Route einschließlich Türen und Fenster und nummerieren Sie die Punkte entsprechend Ihrer Liste.

Übung 17: EU-Staaten

Prägen Sie sich nun mit dieser Route die folgenden Begriffe ein, die für die noch fehlenden 18 EU-Staaten stehen. Sie schaffen sich damit ein zuverlässiges Gerüst, um sich länderspezifische Informationen wie unterschiedliche Mehrwertsteuersätze etc. leicht merken zu können. Sie können die Begriffe natürlich austauschen, wenn Ihnen zu einem Land spontan eine persönliche Assoziation einfällt.

11. „Krokodil" – Kroatien
12. „Let it be" – Lettland
13. Litfaßsäule – Litauen
14. Luxus – Luxemburg
15. Malen – Malta
16. Windmühle – Niederlande
17. Ostern – Österreich
18. Pol – Polen
19. Portwein – Portugal
20. Rum – Rumänien
21. Ikea – Schweden
22. Slowfox – Slowakei
23. Schlawiner – Slowenien
24. Stier – Spanien
25. Cha-Cha-Cha – Tschechische Republik
26. Garn – Ungarn
27. Big Ben – Vereinigtes Königreich
28. Zypresse – Zypern

Falls Sie noch mit einzelnen Punkten Ihrer Route Probleme haben und deswegen Informationen vergessen, schmücken Sie Ihre Bilder noch besser aus oder ersetzen Sie diese Routenpunkte durch andere.

Je öfter Sie Ihre Route nutzen oder auch nur in Gedanken durchgehen, desto schneller werden die Bilder vor Ihnen auftauchen. Mit der Zeit werden Sie feststellen, dass das Durchgehen einer Route vor Ihrem inneren Auge immer fließender wird und irgendwann quasi wie ein Kameraschwenk durch einen Raum wirkt.

Decken Sie nun die Liste wieder ab und schreiben Sie hier noch einmal die Begriffe für die noch fehlenden 18 EU-Staaten in alphabetischer Reihenfolge auf.

11. ....
12. ....
13. ....
14. ....
15. ....
16. ....
17. ....
18. ....
19. ....
20. ....
21. ....
22. ....
23. ....
24. ....
25. ....
26. ....
27. ....
28. ....

1.5 Eselsbrücken

Es gibt zahlreiche Formen der Eselsbrücke, wobei dieser Begriff nichts mit Dummheit zu tun hat. Er kommt vielmehr daher, dass Esel nicht durchs Wasser gehen, sondern eine Brücke oder einen Steg brauchen oder zumindest Steine in einer Furt, um einen Bachlauf oder Fluss zu überqueren.

Jeder kennt vermutlich Merksätze wie „Mein Vater erklärt mir jeden Sonntag unsere neun Planeten", um sich an die Reihenfolge der Planeten zu erinnern, die unsere Sonne umrunden. Auch beim Einprägen der 27 EU-Staaten wurden Eselsbrücken genutzt, denn jeder Staat ist stellvertretend mit einem charakteristischen Bild verbunden.

Eselsbrücken sind sehr individuell und bauen oft auf eigenen Erfahrungen auf, wie Sie vielleicht beim Einprägen der EU-Staaten bemerkt haben. Daher finden Sie hier keine Übungen, sondern nur einige Beispiele, wie sich Eselsbrücken sinnvoll einsetzen lassen.

Eselsbrücken helfen oft, wenn Informationen, die eigentlich bekannt sind, dennoch manchmal miteinander verwechselt werden, wie zum Beispiel bei Rücknahme und Widerruf von Verwaltungsakten (§§ 130, 131 AO – Verwaltungsakte). Oft reichen schon kleine Eselsbrücken, um sich Informationen einzuprägen. So kann hier zum Beispiel diese Eselsbrücke helfen:

„Das ‚**W**' darf jeweils nur einmal auftauchen", denn es geht dabei entweder um die „Rücknahme rechts**W**idriger Verwaltungsakte" oder um den „**W**iderruf rechtmäßiger Verwaltungsakte".

Auch ganze Textpassagen lassen sich mit einer bildhaften Eselsbrücke leichter merken, zum Beispiel die Definition des Begriffs Teilwert (§ 6 Abs. 1 Nr. 1 S. 3 EStG):

„Teilwert ist der Betrag, den ein Erwerber des ganzen Betriebs im Rahmen des Gesamtkaufpreises für das einzelne Wirtschaftsgut ansetzen würde; dabei ist davon auszugehen, dass der Erwerber den Betrieb fortführt."

Hier kann die folgende EselsbrückeHilfe bieten:

„Was ist der Schinken einer Sau wert, ohne diese zu schlachten."

Auch längere Aufzählungen wie die im Zivilprozess zulässigen Beweismittel, nämlich **S**achverständige, **A**ugenschein, **P**arteivernehmung, **U**rkunden oder **Z**eugen, lassen sich leicht mit einer Eselsbrücke lernen.

Hier kann das Wort SAPUZ als Eselsbrücke dienen, das sich aus den Anfangsbuchstaben der einzelnen Beweismittel zusammensetzt.

Wem das als Gedächtnisstütze zu wenig ist, könnte sich diese fünf Begriffe zum Beispiel auch mit dem Satz merken „**Sa**ndra **pu**zzelt am **Be**weis".

Manchmal prägen sich auch Fremdwörter, neue Fachbegriffe oder Vokabeln nur schwer ein. Hier hilft es, aus den einzelnen Silben dieser Wörter Sätze zu bilden. Wichtig dabei ist, den zu merkenden Begriff mit einzubeziehen. So lässt sich zum Beispiel „cubare (lat.) liegen" leicht mit dem Satz merken: „Die **Ku**h liegt auf der **Ba**hre". Sudoku, das japanische Zahlenrätsel, lässt sich mit dem Satz „**Su**ch **do**ch **ku**rz, dann findest du die Zahl" einprägen.

Bei Eselsbrücken sind der eigenen Kreativität keine Grenzen gesetzt und selbst erfunden, bleiben sie lange im Gedächtnis. Doch natürlich können Sie bei Aufzählungen genauso gut die Routentechnik wählen.

1.6 Bilderalphabet

Ein Bilder-ABC eignet sich hervorragend als ergänzendes System, etwa für das Einprägen von Abkürzungen oder einzelner Absätze eines Paragrafen.

Dieses Bilderalphabet hier ist nur ein Vorschlag. Die Begriffe für die einzelnen Buchstaben können Sie natürlich nach eigenen Vorstellungen austauschen oder auch für den jeweiligen Lernstoff variieren.

1.6 Bilderalphabet

a) Affe
b) Bär
c) Chamäleon
d) Dachs
e) Esel
f) Fuchs
g) Gans
h) Hund
i) Igel
j) Jaguar
k) Känguru
l) Löwe
m) Marder
n) Nashorn
o) Otter
p) Pinguin
q) Qualle
r) Rentier
s) Stier
t) Tiger
u) Uhu
v) Vogel
w) Wolf
x) Echse
y) Hyäne
z) Zebra

Übung 18: Bilderalphabet

Prägen Sie sich die folgenden Begriffe mit Hilfe von Bilder-ABC und Geschichtentechnik ein. Anregungen finden Sie – falls notwendig – wieder im Abschn. 1.9.

ABM Arbeitsbeschaffungsmaßnahmen
....
....
....

IKS Internes Kontrollsystem
....
....
....

UKV Umsatzkostenverfahren
....
....
....

Natürlich sollen diese Übungen nur als Anregungen dienen, damit Sie sehen, wie flexibel sich die verschiedenen Methoden anwenden lassen. Wenden Sie die Techniken also nur an, wenn sie Schwierigkeiten beim Einprägen haben.

1.7 Einfaches Zahlenmerksystem

Auch Zahlen lassen sich leicht visualisieren. Zunächst wird jeder Zahl ein bestimmtes Bild zugeordnet, das an die betreffende Zahl erinnert. Es gibt verschiedene einfache Zahlenmerksysteme, die sich entweder an der Form orientieren – wie Ei für die Ziffer 0 – oder an der Anzahl – wie Schaf mit vier Beinen für die Ziffer 4. Hier ist nun ein einprägsamer Vorschlag für die Ziffern von 0 bis 9. Sie können sich auch gerne ein eigenes einfaches Zahlenmerksystem ausdenken.

0. Ei
1. Kerze
2. Fahrrad
3. Schneemann
4. Schaf
5. Hand
6. Würfel
7. Sieben Zwerge
8. Eieruhr
9. Luftballon

Übung 19: Einfaches Zahlenmerksystem

Eine Zahl, wie die fiktive Telefonnummer 67 28 73, lässt sich so durch diese Visualisierung leicht mit einer kleinen Geschichte oder einer Route merken. Wenden Sie die Technik an, die Ihnen am meisten zusagt.

Lesen Sie bitte die Geschichte zu diesen Zahlen nun einmal aufmerksam durch.
Ein Würfel (6) rennt aufgeregt zu den Sieben Zwergen (7) und fragt: „Wollt ihr auch mit dem Fahrrad (2) um die Eieruhr (8) herumfahren?" Die Sieben Zwerge (7) schreien entsetzt: „Nee, nee, nee! Wir bauen lieber einen Schneemann! (3)"

Decken Sie nun die Geschichte ab und schreiben Sie die Ziffern der Telefonnummer in der richtigen Reihenfolge auf.

Telefonnummer: ....

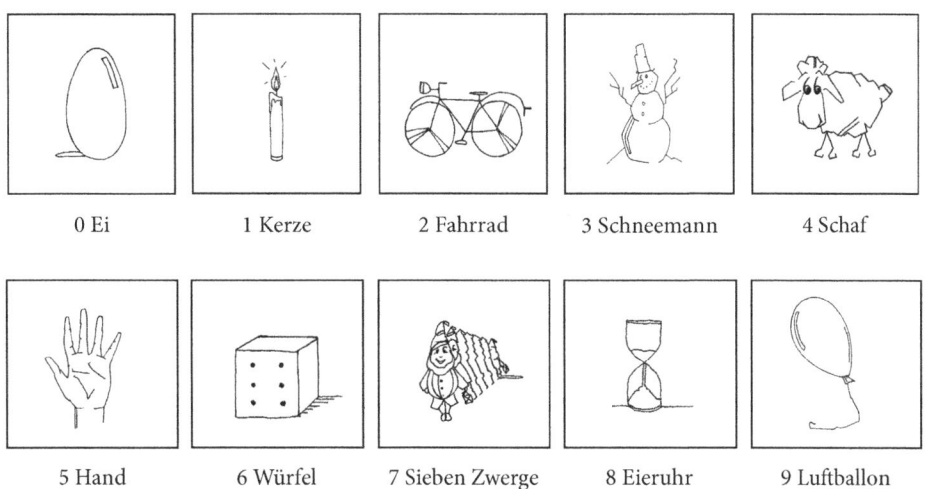

Abb. 1.2 Einfaches Zahlenmerksystem (Daniela Horn, München)

Testen Sie bitte auch einmal, ob die Telefonnummer morgen oder übermorgen noch präsent ist.

Dieses einfache Zahlenmerksystem hat den großen Vorteil, dass es schnell gelernt ist. Es hat jedoch auch einen großen Nachteil. Wenn es zu häufig eingesetzt wird, wiederholen sich die Bilder oft, so dass das Gehirn ihnen keine große Aufmerksamkeit mehr schenkt und die Erinnerung nicht immer zuverlässig ist. Es eignet sich aber sehr gut als ergänzendes System, zum Beispiel beim Einprägen von Kommastellen oder Paragrafen.

1.8 Mastersystem

Das Mastersystem ist eine spezielle Technik zum Visualisieren von Zahlen, deren Wurzeln ins 17. Jahrhundert zurückreichen. Seitdem wurde die Methodik ständig weiter verbessert und verfeinert. Ein unschlagbarer Vorzug dieses Systems liegt darin, dass jeder seine eigene, ganz persönliche Fantasie nutzen kann, um sich auf einfache Weise eine Vielzahl von Informationen zu merken, die mit Zahlen zusammenhängt. Es lassen sich jedoch nicht nur Zahlen wie z. B. Euro-Beträge, Telefonnummern, Pin-Codes besser merken, sondern auch komplexere Informationen wie z. B. historische Daten oder Paragrafen und ihre Inhalte.

Das Mastersystem basiert auf der Idee, jeder Zahl zwischen 0 bis 99 ein eindeutiges, nachvollziehbares Bild zuzuordnen. Der Vorteile gegenüber dem einfachen Zahlenmerksystem ist, dass *zwei* Ziffern mit *einem* Bild gespeichert werden. Mit Hilfe dieser 100 Bilder, die sich auf unterschiedlichste Weise nutzen lassen, ist es sehr leicht möglich, sich auch größte Datenmengen zu merken. Ein Umstand, der gerade während der Vorbereitung auf die Steuerberaterprüfung von höchster Wichtigkeit und größtem Vorteil ist. Ein weiterer bedeutender Nutzen besteht darin, dass das Mastersystem aufgrund seines logischen Aufbaus sehr leicht erlernbar ist und sich jedes der 100 Bilder immer wieder erneut erschließen lässt, auch für den Fall, dass ein Begriff einmal entfallen sollte.

Aber auch hier gilt es, zunächst eine gewisse innere Hemmschwelle zu überwinden, da das Erlernen dieses Systems eine gewisse Zeit erfordert. Doch wer das Mastersystem in Verbindung mit der Routentechnik beherrscht, ist in der Lage, sein Wissen so zuverlässig zu speichern, dass er keine Prüfung fürchten muss, vorausgesetzt, er hat rechtzeitig mit der Prüfungsvorbereitung begonnen.

Dieser Zeitaufwand könnte leicht die schrecken, die gerne die Ärmel hochkrempeln und schnelle Fortschritte in ihrem eigentlichen Lernstoff sehen wollen. Doch wer diesen – im Verhältnis zum Gewinn – kleinen Aufwand scheut, bringt sich um den großen Zeitvorteil und Nutzen, den die Anwendung der Gedächtnistechniken für den Rest seiner Prüfungsvorbereitung mit sich bringt. Es ist etwa vergleichbar mit dem Erlernen, blind Schreibmaschine zu schreiben. Anfangs ist fast jeder wesentlich langsamer als mit der Zwei-Finger-Such-Methode, doch nach kurzem Training schreibt man mindestens zehn-mal schneller als zuvor. So erscheint auch hier das Mastersystem nur auf den ersten Blick als ein kompliziertes, mühseliges Unterfangen. Es wird jedoch sehr bald erkennbar, dass es in Wirklichkeit sehr leicht zu lernen ist und es sich wirklich lohnt, diese Zeit zu investieren.

1.8.1 Das Grundgerüst

Im Mastersystem spielen die Konsonanten unseres Alphabets die Hauptrolle, während die Vokale quasi nur als Statisten fungieren. Ihr zugewiesener Zweck ist allein, als Füllbuchstaben die Bildung sinnvoller Wörter zu ermöglichen.

Die Grundidee des Mastersystems ist wirklich genial: Jeder Ziffer zwischen 0 und 9 werden in einem ersten Schritt – mit einer gewissen nachvollziehbaren Logik – bestimmte, ähnlich klingende Konsonanten zugeordnet, die auch bei mehrstelligen Zahlen ihre symbolische Bedeutung beibehalten. Die Begriffe bzw. Bilder, die für die einzelnen Zahlen stehen, werden aus den einzelnen Ziffern zugeordneten Konsonanten sowie den ergänzenden Vokalen gebildet. Der Ziffer 3 ist zum Beispiel der Buchstabe „m" zugeordnet. Demnach steht das Wort „Mai", in dem kein weiterer Konsonant vorkommt, für die Ziffer 3 und „Mama" für die Zahl 33, da Vokale keine Bedeutung haben. Diese Grundidee verleiht dem System die erforderliche hohe Flexibilität, um sich an Informationen aus den verschiedensten Themenbereichen in einem außerordentlich großen Umfang schnell und leicht erinnern zu können. Das System bietet außerdem den Vorteil, dass sich zwei Ziffern mit einem Bild einprägen lassen und daher nicht sehr oft die gleichen Bilder auftauchen.

1.8 Mastersystem

Hier ist die Zuordnung der Konsonanten zu den Ziffern von 0 bis 9:

Ziffer	Konsonant	Eselsbrücke
0	s, z	Zero heißt im Englischen Null.
1	d, t	Der Buchstabe „t" sieht (fast) aus wie eine 1.
2	n	Das „n" steht auf zwei „Beinen".
3	m	Das „m" sieht aus wie eine auf den Bauch gefallene 3 und hat außerdem drei „Beine".
4	r	Das Wort vier endet auf „r".
5	l	Ein bisschen weit hergeholt, aber das „L" ist im Lateinischen das Symbol für 50.
6	sch, ch	Mit 6 geht man in die Schule.
7	k, g	Am 7. Tag geht man in die Kirche.
8	f, v, w	„W" ist ein doppeltes „v", wie die 8 eine doppelte null ist und „f" klingt ähnlich wie „v" und „w".
9	b, p	Die 9 ist das Spiegelbild des kleinen „p" oder „b".

Entsprechend dieser Festlegung empfehlen sich im Deutschen folgende Begriffe für die Zahlen von 0 bis 9:

0. Sau
1. Tee(beutel)
2. Noah
3. Mai (glöckchen)
4. Reh
5. Lee (Jeansmarke oder die dem Wind abgewandte Seite)
6. Schuh
7. Kuh
8. Fee
9. Po (z.B Teletubby)

Das Wort „Sau" steht zum Beispiel für die Zahl 0, da nur der Konsonant „s" vorkommt und das „a" und das „u" als Vokale nicht zählen. Das Wörterbilden geschieht also ganz einfach dadurch, dass man die Lücken zwischen den Konsonanten mit Vokalen auffüllt.

Wichtig ist es, sich zunächst mit dieser Zuordnung von Konsonant und Ziffer sowie mit den entsprechenden Merkwörtern vertraut zu machen und diese zu visualisieren, also mit einem bestimmten Bild zu verbinden.

Unter Abschn. 1.8.2 stehen die Begriffe zum Mastersystem der Zahlen von 0 bis 99. So müssen Sie sich nicht den Kopf zerbrechen, um allen Zahlen die entsprechenden Begriffe zuzuordnen. Um sich mit dem System vertraut zu machen, finden Sie zunächst noch ein paar kleinere Übungen.

Übung 20: Zahlen mit dem Mastersystem visualisieren

Versuchen Sie nun einmal für die Zahl „20", für die die Konsonanten „n" und „s" zur Verfügung stehen, einen gut zu visualisierenden Begriff zu finden.

20 = N ... s ...

Es empfiehlt sich, ein Wort zu suchen, dessen erster Vokal ein „a" ist. Denn wenn Ihnen doch mal ein Merkwort entfallen ist, erschließt es sich bei systematischer Suche schnell wieder, wenn Sie die Vokale in der Reihenfolge a, e, i, o, u durchgehen. Danach gehen Sie die Umlaute ä, ö, ü und die Diphthonge au, äu, ei, eu usw. durch.

Welche Wörter fallen Ihnen für die Zahl 20 ein?
....
....
....

Vorschläge:
Nase, nass, Nuss, Neuss, Neiße

Welche Buchstaben bzw. Wörter verbergen sich hinter diesen Zahlen?
Wenn Sie Hilfe brauchen, können Sie am Ende des Kapitels nachschauen.

46 ....
55 ....
89 ....

Übung 21: Zahlen mit dem Mastersystem merken

Merken Sie sich einmal folgende Ziffern mit dem Mastersystem. Schreiben Sie sich zunächst die entsprechenden Begriffe neben die Zahl und beginnen Sie erst dann mit dem Einprägen. Sie können dazu sowohl die Geschichtentechnik als auch die Routentechnik nutzen.

16 ....
96 ....
31 ....
91 ....
40 ....
82 ....
43 ....
76 ....
54 ....
88 ....

1.8 Mastersystem

Decken Sie nun bitte die Zahlen ab und schreiben alle memorierten Zahlen aus dem Gedächtnis in der richtigen Reihenfolge hintereinander auf:

....

In der folgenden Übersicht zur Codierung der Zahlen 0 bis 99 finden Sie die Merkwörter zu den ersten hundert Zahlen des Mastersystems.

1.8.2 Das Mastersystem von 0 bis 99[1]

Zahl	Begriff[a]	Eigenes Merkwort
0	Sau	
1	Tee (beutel)[a]	
2	Noah	
3	Mai (glöckchen)	
4	Reh	
5	Lee (Jeans)	
6	Schuh	
7	Kuh	
8	Fee	
9	Po	
10	Tasse	
11	Teddy	
12	Tanne	
13	Team	
14	Teer	
15	Tal	
16	Tasche	
17	Theke	
18	Taufe	
19	Taube	
20	Nase	
21	Note	
22	Nonne	
23	Name	
24	Narr (Hampelmann)	

---

[1] Das Mastersystem stellen wir als Exceltabelle auf der Homepage www.pruefung-bestehen.de zur Verfügung.

Zahl	Begriff [a]	Eigenes Merkwort
25	Nil (Schlauch)	
26	Nische (Sprung hinein)	
27	Nike (Turnschuh)	
28	Neffe	
29	Neubau	
30	Moos	
31	Matte	
32	Mohn	
33	Mama	
34	Meer (Eimer)	
35	Mehl	
36	Masche (ndrahtzaun)	
37	Mac	
38	Mafia (Kettensäge)	
39	Mappe	
40	Rose	
41	Radio	
42	Ruine	
43	Rum (Pina Colada)	
44	Rohr	
45	Rolle	
46	Rauch	
47	Rock	
48	Reif (Hullahup)	
49	Raupe	
50	Lasso	
51	Latte	
52	Linie	
53	Lehm	
54	Leier	
55	Lila	
56	Loch	
57	Lack (Nagellack)	
58	Lava (Gestein ≠ Magma)	
59	Lupe	
60	Schuss	
61	Schutt	
62	Scheune	
63	Schaum	

1.8 Mastersystem

Zahl	Begriff[a]	Eigenes Merkwort
64	Schere	
65	Schal	
66	Schach	
67	Scheck	
68	Schaf	
69	Schippe	
70	Käse	
71	Kette	
72	Kanne	
73	Kamm	
74	Karre	
75	Keule	
76	Koch	
77	Kakao	
78	Kaffee	
79	Kappe	
80	Fass	
81	Fett	
82	Fahne	
83	WM (Medaille)	
84	Fähre	
85	Wolle	
86	Fisch	
87	Waage	
88	Waffe	
89	Wabe	
90	Bus	
91	Bett	
92	Bahn	
93	Baum	
94	Bier	
95	Ball	
96	Buch	
97	Backe (Ohrfeige)	
98	Bifi (Wurst)	
99	Baby	

[a] In Klammern sind Visualisierungshilfen ergänzt.

Ergänzung des Mastersystems Beim Zahlenmemorieren wird Ihnen auffallen, dass mit der Null gewisse Schwierigkeiten verbunden sind, wenn die Zahlenreihe mit dieser Ziffer anfängt[2]. Diese Problem lässt sich umgehen, wenn Sie zehn weitere Begriffe in Ihr System aufnehmen, nämlich

Zahl	Begriff	Eigenes Merkwort
00	Soße	
01	Saat	
02	Sauna	
03	Sumo (ringer)	
04	Säure	
05	Säule	
06	Sushi	
07	Socke	
08	Seife	
09	Sieb	

Bei manchen Begriffen fällt es schwer, passende Merkbilder entstehen zu lassen.

Die kleinen Wörter hinter der Klammer sind Hilfen zum Erstellen passender Bilder. Die Merkbilder sollten so gestaltet sein, dass sie später problemlos auf einem (imaginären) Tisch oder Bücherregal platziert werden können, z. B. erscheint beim Lesen des Wortes „Meer" sofort ein Bild. Aber dieses große Bild kann schlecht auf ein Regal gestellt werden. Deshalb wird das Meer einfach in einen Eimer gepackt.

1.8.3 Die Regeln des Mastersystems

1. Alles folgt der Aussprache.
   Nur Worte, deren Konsonanten richtig ausgesprochen werden, bringen den richtigen Merkeffekt.
2. Nur die Konsonanten haben eine Bedeutung. Vokale sind lediglich Füllbuchstaben.
   Auch „h" ist lediglich ein Füller[3] und „y" gilt immer als Vokal, „q" und „x" sind verboten.
3. Nicht mehr als drei Konsonanten nutzen.
   Max. die ersten drei Konsonanten eines Wortes werden zu Zahlen. So entspricht **Ther**m**o**meter der Zahl 143.
4. Doppelkonsonanten werden als ein Laut betrachtet.
   Nur bei der Zusammensetzung zweier Worte wie z. B. auffangen oder Betttuch werden die mehrfach vorkommenden Konsonanten als Zahl aufgefasst. So entspricht „au**ff**angen" der Zahl 882 bzw. „Be**tt**tuch" der Zahl 911.

---

[2] Zum Beispiel bei Telefonnummern.
[3] So entspricht das Wort „Theke" der Zahl 17.

5. Die alphabetische Reihenfolge einhalten.
   Die Vokale werden in alphabetischer Reihenfolge eingesetzt, doch sind gebräuchliche bzw. leicht zu visualisierende Wörter vorzuziehen, so ist z. B. Tee besser als Tau.
6. Umlaute nur in Ausnahmefällen einsetzen.
   Umlaute wie ä, ö, ü aber auch die Diphthonge au, äu, ei, eu sollten nur ausnahmsweise genutzt werden, um Wörter zu bilden. So ist Koch besser als Küche, da das Wort bei einer eventuellen Blockade schneller zu rekonstruieren ist.
7. Für jedes Wort entsteht ein Bild im Kopf.
   Die Zahl wird mit diesem Bild fest verknüpft, so dass bei der Zahl eins z. B. automatisch Tee(-beutel) vor Ihrem inneren Auge erscheint.
8. Die den Wörtern zugeordneten Bilder sollten eindeutig sein.
   So sollte das Bild zu Tanne (12) nicht mit Baum (93) verwechselt werden können.

Die Begriffe des Mastersystems setzen Sie genauso ein, wie alle anderen Merkwörter. Sie können sowohl die Geschichten- als auch die Routentechnik zum Memorieren der 100 Masterbegriffe nutzen. In den beiden folgenden Kapiteln wird Ihnen die spezielle Anwendung des Mastersystems für die Prüfungsvorbereitung mit diesen Begriffen erläutert.

Machen Sie sich als erstes mit den einzelnen Begriffen dieses Systems vertraut. Studieren Sie die Tabelle in Ruhe, und visualisieren Sie die Wörter mit einprägsamen Bildern. Wenn Sie ein Merkwort immer wieder vergessen, verbessern Sie Ihr Bild dazu oder suchen Sie sich ein neues. Sie müssen die Begriffe auf jeden Fall leicht visualisieren können. Falls Sie für die Zahl 23, das Wort „Name", kein Bild finden, stellen Sie sich vielleicht einen Stempel mit Ihrem Namen vor, wie Sie ihn auf ein rosafarbenes Papier drücken oder einen Lichtprojektor mit Ihrer Unterschrift. Diese Mühe, passende Merkwörter zu finden, lohnt sich. Wenn Sie den Film „Findet Nemo" kennen, können Sie das Merkwort für die Zahl 23 auch in Nemo ändern.

1.8.4 Sofort-Programm ... So lernen Sie die 100 Begriffe des Mastersystems

Sicher fragen Sie sich, wie soll man sich nun diese 100 Begriffe merken? Am besten gehen Sie in einzelnen kleinen Schritten vor.

Lernen Sie zunächst die Merkwörter der ersten zehn Zahlen wie beim einfachen Zahlenmerksystem und üben Sie entsprechend mit Geschichten oder kleinen Routen.

Erweitern Sie erst dann Ihren „Wortschatz", indem Sie nach und nach jeweils zehn Begriffe hinzunehmen. Entsprechend trainieren Sie das Memorieren mit Zahlen von 0 bis 20, dann von 0 bis 30 usw. bis Sie das ganze System können. Am Anfang hilft es, wenn Sie sich die Tabelle mit den Begriffen neben sich legen und nachschauen, welches Wort zu welcher Zahl gehört.

Wenn die Begriffe des Mastersystems möglichst schnell gelernt werden möchten, ist es zu empfehlen, mit Karteikarten zu arbeiten. Auf die Vorderseite wird die Zahl geschrieben und das Merkwort auf die Rückseite. Dann einfach die Kärtchen in gemischter Reihenfolge durchgehen und die Begriffe den Zahlen zuordnen und umgekehrt. Dadurch werden die Zahlen nicht der Reihenfolge nach, sondern unabhängig voneinander gelernt. Außerdem hat es den Vorteil, dass durch einen Blick auf die Rückseite immer wieder eine Selbstkontrolle möglich ist. Gleichzeitig bietet dies eine gute Gelegenheit, Ihre persönlichen Favoriten-Bilder herauszufiltern. Sollte bei einer Zahl immer wieder ein anderes als das vorgeschlagene Wort auftauchen, dann ersetzen Sie das Wort auf unserer Liste durch Ihren Favoriten.

Beim Durchgehen der Karteikarten sollte unbedingt darauf geachtet werden, dass die Zahlen nicht nur Begriffen an sich zugeordnet werden. Vielmehr sollten auch die Zahlen selbst wirklich plastisch als Bild erzeugt werden. Lassen Sie jedes Mal ein Bild in Ihrem Kopf entstehen. Auch bei der Kontrolle sollte das Wort ein Bild im Kopf entstehen lassen. So trainieren Sie Ihr Vorstellungsvermögen.

Karteikarten sind insofern auch praktisch, da sie überall hin mitgenommen werden können. So wird das langweilige Warten in der U-Bahn oder im Bus einfach kurz zum Wiederholen des Mastersystems (und später zum Lernen von Paragrafen) genutzt. Das Durchgehen der Karteikarten kann auch ganz entspannend wirken. Also einfach zwischendurch beim Lernen eine kleine Pause einlegen und kurz die Zahlen durchgehen. Das lenkt zum einen von den aktuellen Problemen ab und schafft zugleich neue Impulse im Kopf.

Die Begriffe des Mastersystems können selbst ohne Karteikarten in der Hand ohne großen Aufwand geübt werden. Alle Wege, die zu Fuß oder mit dem Auto zurückgelegt werden, können als Übungszeit genutzt werden. Unterwegs auftauchende Hausnummern oder Autoschilder werden in die Bilder des Mastersystems umgewandelt und so auch die lästigen Wartezeiten an Ampeln zu kleinen Übungseinheiten genutzt. Auch „Zwischen-Zeiten" des Wartens beim Arzt, an der Kasse, während einer Busfahrt oder Autofahrt als Beifahrer, können überbrückt werden, in denen das Mastersystem mental durchgegangen wird. Und wirklich wichtig: Alle Begriffe tatsächlich bildlich vorstellen als wären sie in greifbarer Nähe.

Um Sicherheit mit diesem System zu gewinnen, können Sie auch auf einem Spaziergang versuchen, das Mastersystem im Rhythmus Ihrer Schritte aufzusagen und zu visualisieren. Dabei setzen Sie sich selbst etwas unter Druck und merken schnell, welche Begriffe noch nicht so gut sitzen. Erst wenn Sie beim Durchgehen des Mastersystems im gewohnten, schnellen Rhythmus gehen können, beherrschen Sie die Begriffe.

Kontrollieren Sie bitte auch zwischendurch, ob sich Ihre Bilder deutlich voneinander unterscheiden. Dies ist zum Beispiel bei den Merkwörtern Kanne und Kaffee wichtig, denn die Assoziation des Bildes Ihrer Lieblingskanne für die Zahl 72 (Kanne) und des Bildes einer Kaffeekanne für die Zahl 78 (Kaffee) könnten leicht zur Verwirrung führen, wenn sich die Bilder der beiden Kannen sehr ähneln. Nehmen Sie verwechslungssichere Assoziationen.

Vergewissern Sie sich auch, dass Sie zu den Bildern, die Sie sich aussuchen, tatsächlich eine gewisse Beziehung haben. Wie erwähnt, Erinnerungen sind am besten, wenn mit ihnen starke Gefühle verbunden sind.

Nutzen Sie das Mastersystem auch als Konzentrationsübungzur Prüfungsvorbereitung. Prägen Sie sich zwischendurch immer mal wieder 100 Ziffern ein. Nach etwas Training werden Sie nicht mehr als fünf Minuten brauchen. Stoppen Sie immer wieder mit der Uhr, um sich auch an Stresssituationen zu gewöhnen und konzentrieren Sie sich von Anfang an. Oft vergisst man gerade die ersten Zahlen. Schreiben Sie nicht nur Ihre gestoppten Zeiten auf, sondern auch, wie viele Zahlen Sie sich in der richtigen Reihenfolge bis zum ersten Fehler gemerkt haben.

▸ **Hinweis 1.2: Das Lernspiel zum Mastersystem** Für den Fall, dass Sie Schwierigkeiten beim Visualisieren der Bilder haben oder die Karten nicht selber schreiben wollen, gibt es von Christiane Stenger das „Lernspiel zum Mastersystem". Mehr Informationen unter www.ohrenmenschen.de/shop/intro/gedaechtnistraining.html. **Jetzt neu:** Auch als iPhone-App unter www.pruefung-bestehen.de

1.9 Lösungsvorschläge zu den Übungen

Lösung zu Übung 1: Einkaufsliste Sie mischen **Katzenfutter** in einen Becher **Sahne** und verwenden dies als **Handcreme**. Sie wenden Ihre eingeschmierten Hände in **Paprika** und genießen eine bisher immer etwas langweilig schmeckende **Wurst** mit großem Genuss. Dabei fällt Ihr Blick auf den **Schnittlauch**, den Sie vergessen haben ins Wasser zu stellen. Zur Erholung legen Sie ihn in **Joghurt**. Sie entdecken die Freude am Ungewöhnlichen und kochen einmal **Rosenkohl** in **Multivitaminsaft**, den Sie statt mit **Salz** mit **Kakao** würzen, den Sie vorher durch ein **Sieb** gestrichen haben.

Lösung zu Übung 8: Verknüpfen von Begriffen
Faxgerät – Tomatensaft
Stellen Sie sich vor, wie Sie Tomatensaft über Ihr piepsendes Faxgerät kippen;
oder Sie streichen Ihr Faxgerät mit Tomatensaft ein;
oder Sie verstecken Ihr altes Faxgerät hinter ganz vielen Tomatensaftpackungen.

Bleistift – Gürtel
Stellen Sie sich vor, wie Sie versuchen, die Löcher Ihres Gürtels mit einem Bleistift größer zu machen;
oder Sie malen mit einem Bleistift ein originelles Muster auf Ihren neuen weißen Gürtel;
oder Sie wickeln Ihren roten Gürtel ganz eng um einen dicken blauen Bleistift.

Lösung zu Übung 9: Eine Geschichte erfinden Bär (**Berlin**), Esel (**Bremen**, wegen der Bremer Stadtmusikanten), Hamburger (**Hamburg**), Rhein (**Rheinland-Pfalz**), Brandung (**Brandenburg**), baden (**Baden-Württemberg**).

Nachdem sie in der Brandung gebadet haben, hüpfen die beiden auf eine **Brücke (Saarland,** Hauptstadt Saarbrücken), auf der plötzlich eine riesige **Tür (Thüringen)** auftaucht.

Sie gehen neugierig hindurch und finden hinter ihr einen **niedergeschlagenen** (**Niedersachsen**) **Dachs** (**Sachsen**) beim **Brezel** (**Bayern**) **essen** (**Hessen**). Sie **halten** natürlich **an** (**Sachsen-Anhalt**) und fragen ihn, was passiert ist und er jammert „Mir ist meine **nordische Weste** ins Wasser gefallen." (**Nordrhein-Westfalen**).

Lösung zu Übung 10: Geschichtentechnik für schwierige Begriffe Ihr erster **Mandant** – an den Sie sich noch gut erinnern – träumt von seiner bevorstehenden **Erbschaft**, deren Größe er mit einem **Zoll**stock zu messen versucht. Dabei wird ihm heiß und er fächert sich mit den Formularen zur **Steuererklärung** Luft zu und schreibt ganz groß und hastig quer über das Formular den Abgabe**termin**.

Lösung zu Übung 11: Geschichtentechnik für steuerliche Begriffe Die sieben Schritte der Prüfreihenfolge des UStG können anhand folgender Geschichte einfach gelernt werden.

Stellen Sie sich vor, wie Sie an einem Marathonlauf teilnehmen. Sie haben viel trainiert und sind in der **Leistungsform** Ihres Lebens. Um mitzumachen, müssen Sie natürlich an den **Leistungsort** gehen. Der Startschuss ist wie eine **Befreiung** für Sie und Sie gelangen ohne Probleme ins Ziel. Dort müssen Sie sich einer Art Dopingprobe unterziehen. Es werden Ihre Schuhe *bemessen*, und zwar auf einer speziellen Matte *als Grundlage*, **Bemessungsgrundlage**. Als Sie erfahren, dass alles in Ordnung ist, machen Sie vor Freude einen riesen *Satz* in die Luft, den **Steuersatz**. Vor lauter Freude *entstehen* viele neue Ideen, was Sie noch alles erreichen können, **Entstehung der Steuer**. Ihre Freude wird jedoch getrübt, da Sie das Startgeld für den Marathonlauf nicht bezahlt haben und Sie somit dem Veranstalter noch etwas *schulden*, **Steuerschuldner**.

Lösung zu Übung 12: Konzentrationsübung Vielle**ich**t finden Sie wirkl**ich** gle**ich** eine r**ich**tige Gesch**ich**te, mit der Sie n**ich**t nur endl**ich** w**ich**tige St**ich**punkte und Ze**ich**en spe**ich**ern und aufze**ich**nen, sondern s**ich** s**ich**erl**ich** auch an Ihre re**ich**l**ich**en Pfl**ich**ten erinnern.

Lösung zu Übung 14: Routentechnik Ein **Block** klopft an die **Tür.**
Auf dem Sofa hüpft der Kugelschreiber.
An der **Stehlampe** hängt ein **Textmarker,** damit man beim Lesen immer gleich etwas markieren kann.
In den **Tisch** ist ein großer **Taschenrechner** integriert.
Über den **Zeitungsständer** haben Sie gerade aus Versehen **Studentenfutter** verschüttet.
In der Pflanze hängen Ihre Glücksbringer.
Hinterm **Vorhang** versteckt sich der schüchterne **Traubenzucker**.
Am **Fenster** hockt ein Wasserglas und schaut sehnsüchtig hinaus, wie draußen ganz viel **Wasser** vom Himmel prasselt.
Vor dem **Fernseher** sitzt ganz gebannt eine **Uhr** und wartet auf ihre Lieblingssendung.
Im **Sessel** haben es sich die **Tempotaschentücher** bequem gemacht.

1.9 Lösungsvorschläge zu den Übungen

Falls Sie Lust haben, können Sie sich zu diesen Begriffen auch eine Geschichte ausdenken, zum Beispiel:

Geschichtentechnik Auf einem **Block** hüpft ein **Kugelschreiber** aufgeregt auf und ab, bis ein **Textmarker** vorbeiflitzt und ihn beruhigt, dass in der Prüfung doch ein **Taschenrechner** benutzt werden darf. Vor lauter Freude darüber springen sie in einen Berg **Studentenfutter**, in dem auf einmal der **Glücksbringer** auftaucht. Gemeinsam werfen sie ein Stück **Traubenzucker** in ein **Wasser**glas, um zu sehen, wie er sich auflöst. Im letzten Moment wird es von der **Uhr** gerettet und in **Tempotaschentücher** eingewickelt.

Lösung zu Übung 15: Mit der Routentechnik durch Europa Sie werfen die **belgischen Pralinen,** die Sie gerade geschenkt bekommen haben und nicht mögen, mit voller Wucht an die **Tür.**

Irgendjemand hat mit den **Boulekugeln** auf der **Couch** gespielt und nun ist sie ganz schmutzig und man sieht den Rollweg der Kugeln.

Die **Stehlampe** ist mit alten **D-Mark**-Scheinen verziert.

Auf dem **Tisch** stehen noch viele **Bier**flaschen und Gläser vom Abend zuvor.

Im **Zeitungsständer** stecken nur Magazine, die das Thema **Essen** behandeln.

Die **Pflanze** ist am glücklichsten, wenn sie **Skispringen** schauen darf. Wie sie wohl selbst dabei aussehen würde?

Der **Vorhang** besteht aus aneinandergebundenen **Baguettes**.

Wenn Sie aus Ihrem **Fenster** schauen, blicken Sie seit Neuestem auf einen **Tempel.**

Ein **Irrer** haut Ihren **Fernseher** in kleine Stücke.

Der **Sessel** ist mit ungekochten **Spaghetti** gefüllt. Deshalb piekst es auch ein wenig, wenn man sich auf ihn setzt.

Lösung zu Übung 18: Bilderalphabet

ABM Während der **Arbeit** bewirft der **A**ffe den **B**ären mit **M**arderfellen.
IKS   **I**gel und **K**änguru **kontrollieren** den **S**tier.
UKV Der **U**hu verkauft das **K**änguru an einen riesigen **V**ogel und macht bei diesem **Verfahren** einen großen **Umsatz**.

Lösung zu Übung 20: Zahl mit Mastersystem visualisieren

46	R … sch …, R … ch	Rauch, Rausch, Reich
55	L … l …	Lila, Lola, Lolly
89	F … b , F … p	Mit diesen beiden Konsonanten existiert im Deutschen kein Wort[a], doch mit „v" oder „w" gibt es einprägsame Merkwörter:
	V … b, V … p	V.I.P. oder
	W … b, W … p	Wabe, Web, Weib, Wippe

[a] Wenn sie doch eins finden, schreiben Sie uns über die Homepage www.pruefung-bestehen.de.

Schriftliche Steuerberaterprüfung

Sven Braun

In diesem Kapitel wird gezeigt, wie die Gedächtnistechniken aus Kap. 1 speziell für die Vorbereitung auf die schriftliche Steuerberaterprüfung angewendet werden können.

2.1 Paragrafen lernen

In der Steuerberaterklausur ist die Nennung des korrekten Paragrafen ein bedeutender Bestandteil zur Erreichung einer ausreichenden Punktzahl. Das Niederschreiben der Tatbestandsmerkmale bzw. Rechtsfolgen wird nur in Zusammenhang mit dem richtigen Paragrafenzitat gewertet.

Das Problem ist die knapp bemessene Zeit, die ein Nachschlagen im Gesetz quasi unmöglich macht. Wird dennoch ein Nachschlagen erforderlich, gehen durch den Zeitverlust Punkte an anderer Stelle verloren. Auf die eine oder andere Weise zieht ein Nichtwissen des richtigen Paragrafen einen Punktverlust nach sich.

Hier setzen nun die Gedächtnistechniken ein, wie im Kap. 1 von Christiane Stenger methodisch erläutert.

Ein Paragrafenzitat ist aus drei Informationseinheiten aufgebaut:

1. Inhalt,
2. Gesetz,
3. Paragraf.

Um ein Paragrafenzitat im richtigen Moment auswendig parat zu haben, muss zunächst der **Inhalt** bekannt sein. Nur so kann ein entsprechender Sachverhalt subsumiert werden. Darüber hinaus ist die Kenntnis des **Gesetzes** erforderlich, in dem der Paragraf steht. Und schließlich wird der **Paragraf** selbst vorausgesetzt (Abb. 2.1).

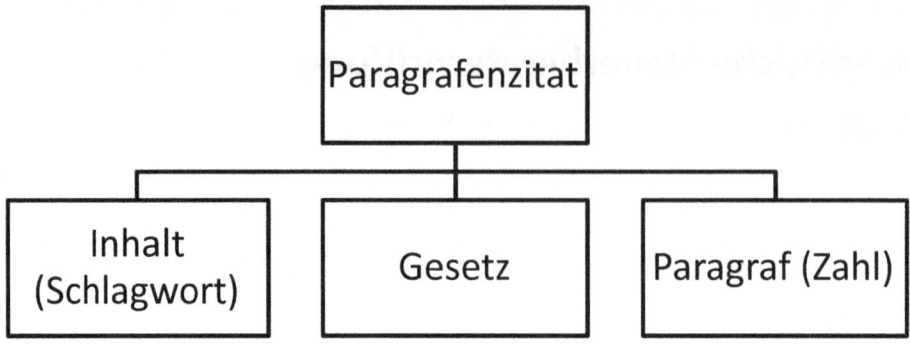

Abb. 2.1 Aufbau Paragrafenzitat

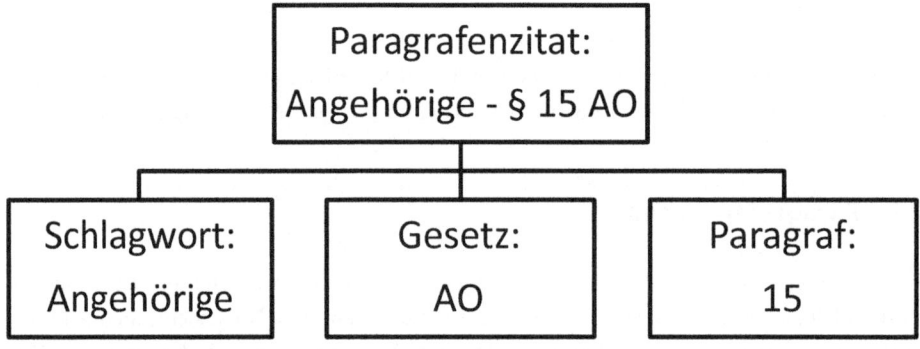

Abb. 2.2 Aufbau Paragraf 15 AO

Für den **Inhalt** wird ein möglichst erinnerungsstarkes Schlagwort ausgedacht. Dies reicht aus, um bei einem entsprechenden Sachverhalt den Paragrafen und dessen weiteren Inhalt aus dem Gedächtnis abzurufen.

Für das Memorieren des **Gesetzes** wird das Bilderalphabet von Abschn. 1.6 analog angewandt. Jedes Gesetz bekommt entsprechend dem Anfangsbuchstaben ein Bild zugeordnet. AO ist z. B. der **A**ffe.

Das Mastersystem eignet sich hervorragend, um sich Zahlen zu merken. Dies hat Christiane Stenger in den zahlreichen Beispielen bereits eindrücklich gezeigt. Diese Technik lässt sich hervorragend zum Memorieren von **Paragrafen** verwenden. Da der eigentliche **Paragraf** nichts anderes als eine Zahl darstellt, wird hierfür das Mastersystem angewendet.

Abbildung 2.2 soll den dreistufigen Aufbau verdeutlichen.

2.1.1 Ein- und zweistellige Paragrafenangaben

2.1.1.1 Vorgehensweise

Die Vorgehensweise beim langfristigen Merken von zweistelligen Paragrafenangaben kann wie folgt systematisch aufgelistet werden:

① Das Paragrafenzitat in seine Einzelteile (Inhalt, Gesetz, Zahl) zerlegen.
② Den Inhalt auf ein Schlagwort reduzieren.
③ Dem Gesetz ein Bild aus dem Bilderalphabet[1] zuordnen.
④ Den Paragraf mittels der 100 Merkwörter aus dem Mastersystem[2] codieren.
⑤ Eine Geschichte im Kopf entstehen lassen, die Schlagwort, Bild und Merkwort verbindet.

Am Beispiel des § 15 AO (Angehörige) wird diese Vorgehensweise verdeutlicht:

Informationseinheit	①.	
Inhalt	Angehörige	②. Onkel
Gesetz	AO	③. Affe
Paragraf	15	④. Tal

⑤. Geschichte:
Der **Affe** trifft im **Tal** Ihren Angehörigen **Onkel** „Benz", der auch aussieht wie ein Affe. Sie verstehen sich sofort prächtig.

Wichtig ist die bildliche Vorstellung dieser Geschichte vor dem geistigen Auge. Ähnlich wie im Kino sollte die Geschichte möglichst emotional, bewegungsvoll und trickreich gestaltet werden.

Ist diese Geschichte einmal erfunden, wird sie mit verblüffendem Erfolg beim Auftreten eines Sachverhaltes mit Angehörigen wieder vor dem geistigen Auge erscheinen. Eine Zuordnung von Onkel „Benz" zu Angehörigen, Affe und 15 ist dann quasi vorprogrammiert. Natürlich funktioniert es umso besser, je mehr Sie die in Kap. 1 erklärten Methoden verinnerlicht haben.

---

[1] Vgl. Abschn. 1.6.
[2] Vgl. Abschn. 1.8.

2.1.1.2 Gesetze

Jedem Gesetz wird ein Tierbild aus dem Bilderalphabet zugeordnet. Die Zuordnung erfolgt nach dem Anfangsbuchstaben des jeweiligen Gesetzes:

Gesetz	Tierbild aus Bilderalphabet
AO	Affe
BGB	Bär
ErbStG	Esel
EStG	Eichhörnchen[a]
GewStG	Gans
HGB	Hund
KStG	Känguru
UStG	Uhu

[a] Das E kommt in den Gesetzesbezeichnungen zweimal vor (ErbStG + EStG). Für ErbStG passt der Esel. Für EStG wird ein weiteres Tier kreiert, das mit E beginnt: das Eichhörnchen.

2.1.2 Drei- und vierstellige Paragrafenangaben

2.1.2.1 Vorgehensweise

Eine Umwandlung von ein- und zweistelligen Paragrafenangaben ist problemlos mit den 100 Merkwörtern aus dem Mastersystem möglich. Doch wie funktioniert das Merken von dreistelligen oder längeren Paragrafenangaben, wie z. B. § 110 AO – Wiedereinsetzung in den vorigen Stand?

Hier bedient man sich ebenfalls des Mastersystems in Kombination mit der Geschichtentechnik aus Abschn. 1.3 oder der Routenmethode aus Abschn. 1.4. Zunächst wird die Zahl 110 in eine zweistellige und eine einstellige Zahl zerlegt. Die 110 wird somit in die 11 und die 0 aufgeteilt. Diese beiden Zahlen werden mittels der 100 Merkwörter codiert: 11 = Teddy, 0 = Sau.

Nun wird eine Geschichte zum Affen, der gemütlich mit seinem Teddy sitzt, ausgedacht. Eine Sau holt ihm den Teddy ab. Der Affe stellt die AO dar. Teddy und Sau symbolisieren die 110. Sie fühlen sich in Ihre Kindheit versetzt, also Wiedereinsetzung in den vorigen Stand.

Auch die Ablage eines Teddys auf dem ersten Routenpunkt und die Ablage eine Sau auf dem zweiten Routenpunkt sind grundsätzlich möglich. Da Paragrafenangaben jedoch höchstens vierstellig sind (und das auch nur im BGB) ist eine Ablage auf einer Route zu umständlich und daher eher ungeeignet zum Paragrafen merken.

▸ **Hinweis 2.1: Zahlen visualisieren** Kombinieren Sie die Bilder in Ihrem Kopf mit plastischen Bildern der Zahlen. Stellen Sie sich z. B. einen Teebeutel vor, der an einer Eins hängt, lassen Sie zwei Schwäne[3] auf die Arche Noah laufen oder stellen Sie sich eine Fee vor, die einen Zauberstab hat, an dessen Spitze sich eine lachende Acht sitzt.

Um das Mastersystem schnell zu lernen, verwenden Sie die vorher beschriebenen Merktechniken. Die Routenmethode lässt sich hierfür sehr gut anwenden. Sie benötigen dafür lediglich eine Route mit 100 Punkten. Auch Lernprogramme sowohl für die Paragrafen als auch für das Mastersystem finden Sie unter www.pruefung-bestehen.de als iPhone-Apps.

2.1.2.2 Spruch-Methode

Für drei- und vierstellige Paragrafenangaben empfiehlt sich eine weitere Möglichkeit das Mastersystem zu verwenden: die **Spruch-Methode**.

Zu den einzelnen Paragrafen werden Merksprüche formuliert, wobei der Anfangsbuchstabe der Wörter als Codierung für die Zahlen dient. Geschickt angewendet, beinhaltet solch ein Spruch sowohl den Inhalt als auch den Paragrafen.

> **Beispiel 2.1: Mastersystem als Spruch**
>
> Für § 110 AO stehen die Codierungen:
> 1 = t oder d,
> 1 = t oder d,
> 0 = s oder z.
> Ein möglicher Spruch ist z. B.
> Die Dame ist zurück.
> Dieser Spruch hat zwei Vorteile:
>
> 1. Er ist eng mit der Vorschrift verknüpft. Das heißt bei dem Spruch fällt mir sofort der Wortlaut der Vorschrift ein und umgekehrt.
>   „Die Dame ist zurück" drückt folgendes Szenario aus:
>   Die Dame war weg und jetzt ist sie wieder da. Also Wiedereinsetzung in den vorigen Stand ... z. B. beim Endspiel im Schach, wenn ein Bauer durchbricht, um sich in eine Dame zu verwandeln.
> 2. Der Spruch enthält codiert den Paragrafen:
>   Jeder Anfangsbuchstabe eines Wortes stellt eine Ziffer des Paragrafen dar.
>   Die Dame ist zurück.
>   Hier liegt das Mastersystem zu Grunde:
>   D = 1; D = 1 und z = 0 → 110
>   Das i von „ist" wird ignoriert, da es ein Vokal ist.

So können mit dem Mastersystem alle für die Steuerberaterprüfung notwendigen Paragrafen gemerkt werden. Aber wie können längere Zahlen (Pauschbeträge etc.) mit diesem

---

[3] Eine Zwei ähnelt der Form eines Schwanes.

System gespeichert werden? Das wird in Abschn. 2.3 erläutert. Aber zunächst werden die jetzt gelernten Methoden praxisorientiert an 33 Paragrafen der Abgabenordnung geübt.

2.1.3 33 Paragrafen der Abgabenordnung

Die Abgabenordnung ist nüchtern betrachtet eines der langweiligsten Gesetze des Steuerrechts. Viele Definitionen, Fristen und Formalismen sorgen bei den meisten Prüfungsteilnehmern für gebührenden Respekt, eine rigorose Abneigung und entsprechende Panik. Dieses Thema wird gern auf Lücke gesetzt. Dabei ist es in der Berufspraxis von äußerster Wichtigkeit. Eine Steuererklärung sollte fristgerecht eingereicht werden. Die Aussichten auf den Erfolg eines Einspruchs sollten abgeschätzt werden können. Die AO ist das „Grundgesetz" der Steuergesetze. Auf ihr bauen sämtliche Einzelsteuergesetze auf. Sie regelt den reibungslosen Ablauf des Massensteuerverfahrens. Die Vorschriften sind für die notwendige Rechtssicherheit unbedingt erforderlich.

Zur Auflockerung dieser trockenen Materie bieten sich die Gedächtnistechniken gerade zu an. Wie bereits im Vorwort erwähnt: wenn plötzlich Affen in romantischen Bergtälern bei Sonnenuntergang Ihre Angehörigen treffen (§ 15 AO), macht auch die AO plötzlich Spaß. Der Affe steht für die Abgabenordnung. Wenn der Affe in einem *Tal*, welches nach dem Mastersystem das Schlüsselwort für 15 ist, seine Angehörigen trifft, wird mit dieser Szene „§ 15 AO Angehörige" einprägsam gelernt. Um das Bild abzurunden, wird aus dem Begriff Tal in ein romantisches Bergtal bei Sonnenuntergang verwandelt.

Wir haben die Abgabenordnung nicht nur wegen Ihrer Praxisrelevanz gewählt, sondern auch weil sich hier die Paragrafen eher selten ändern und so ein langfristiges Abspeichern sehr sinnvoll ist.

Die zwei folgenden Tabellen enthalten einige der wichtigsten Vorschriften der AO. Die Tabellen sind bereits nach Inhalt, Gesetz und Paragraf aufgegliedert und nach den Paragrafen sortiert. Ein Merkwort bzw. ein Spruch wurde auch bereits zugeordnet.

Bitte nehmen Sie sich eine halbe Stunde Zeit und stellen Sie sich die Geschichten möglichst bildhaft, fantasievoll und farbenfroh vor. Zum Einprägen spielen zwei Faktoren eine wichtige Rolle:

1. Action, Action, Action !!!
2. Ich, Ich, Ich !!!

Das bedeutet, bei den Geschichten sollte ähnlich einem Fernsehfilm in einer spannenden Szene möglichst viel passieren, also *Action, Action, Action* stattfinden. Sie selbst sind der Autor, alles ist möglich. Anders als bei den meisten Actionfilmen sollte hier jedoch auf Gewalt und Sex verzichtet werden. Oder was wird aus Ihnen werden, wenn Sie nur solche Szenen im Kopf haben? Sicherlich kein Steuerberater, der dem Leitbild entspricht.

2.1 Paragrafen lernen

Außerdem ist es wichtig, dass Sie sich selbst in die Szene mit einbeziehen. Das kann als Nebenrolle oder Hauptrolle passieren. Vielleicht sind Sie selbst der Affe oder einer seiner Angehörigen.

Übung 22: Zweistellige AO-Paragrafen

Bitte memorieren Sie folgende 16 zweistellige AO-Paragrafen. Verwenden Sie dafür die unter Abschn. 2.1.1.1 erläuterte Vorgehensweise. Nehmen Sie sich dafür mindestens eine halbe Stunde Zeit, bevor Sie in die Lösungsvorschläge schauen. Es ist wichtig, dass Sie selbst Gedanken machen. Die Szenen, die Sie entwickelt haben, können Sie gerne über das Forum auf der Homepage www.pruefung-bestehen.de anderen Lernenden mitteilen.

Nr.[a]	Paragraf	Gesetz	Schlagwort
1.	§ 11	AO	Sitz
2.	§ 12	AO	Betriebsstätte
3.	§§ 14, 64	AO	wirtschaftlicher Geschäftsbetrieb
4.	§ 15	AO	Angehörige
5.	§ 18	AO	Betriebsfinanzamt
6.	§ 19	AO	Wohnsitzfinanzamt
7.	§ 30	AO	Steuergeheimnis
8.	§ 34	AO	gesetzlicher Vertreter
9.	§ 37	AO	Ansprüche Steuerschuldverhältnisse
10.	§ 38	AO	Entstehung Steueransprüche
11.	§ 39	AO	wirtschaftliches Eigentum
12.	§ 40	AO	gesetzwidriges Handeln
13.	§ 41	AO	unwirksame Rechtsgeschäfte
14.	§ 44	AO	Gesamtschuldner
15.	§ 45	AO	Gesamtrechtsnachfolge
16.	§ 69	AO	Haftung

[a] Die laufende Nummer dient zum Nachschlagen des Lösungsvorschlages.

Lösungsvorschläge zu dieser Übung finden Sie im Abschn. 2.6.

Übung 23: Dreistellige AO-Paragrafen

Bitte memorieren Sie nun noch folgende 17 dreistellige AO-Paragrafen. Verwenden Sie dafür die unter Abschn. 2.1.2.2 erläuterte Spruch-Methode. Nehmen Sie sich auch für diese Übung mindestens eine halbe Stunde Zeit, bevor Sie in die Lösungsvorschläge schauen. Veröffentlichen Sie Ihre Sprüche im Forum auf der Homepage www.pruefung-bestehen.de.

Nr.[a]	Paragraf	Gesetz	Schlagwort
17.	§ 110	AO	Wiedereinsetzung in den vorigen Stand
18.	§ 118	AO	Verwaltungsakt
19.	§ 147	AO	Aufbewahrungspflichten
20.	§ 149	AO	Abgabefrist
21.	§ 152	AO	Verspätungszuschlag
22.	§ 169	AO	Festsetzungsverjährung
23.	§ 171	AO	Ablaufhemmung
24.	§ 193	AO	Außenprüfung
25.	§ 222	AO	Stundung
26.	§ 226	AO	Aufrechnung
27.	§ 228	AO	Zahlungsverjährung
28.	§ 240	AO	Säumniszuschlag
29.	§ 249	AO	Vollstreckung
30.	§ 347	AO	Einspruch
31.	§ 361	AO	Aussetzung der Vollziehung
32.	§ 370	AO	Steuerhinterziehung
33.	§ 371	AO	Selbstanzeige

[a] Die laufende Nummer dient zum Nachschlagen des Lösungsvorschlages.

Lösungsvorschläge zu dieser Übung finden Sie im Abschn. 2.6.

2.2 Markiersystem für Gesetzestexte

Geschwindigkeit spielt in der Steuerberaterklausur eine entscheidende Rolle. Deshalb sollten Sie in der Vorbereitungsphase so viele Übungsklausuren wie möglich unter Echtbedingungen lösen. Die Fernklausuren aber auch die Klausurenkurse vom Lehrgangswerk Haas bieten dazu ideale Gelegenheiten.

Sollten Sie während einer Klausur einen Blick ins Gesetz werfen müssen, ist es wichtig, dass Sie sich schnell zu Recht finden. Ein vollständig gelb markierter Paragraf ist hier wenig hilfreich. Deshalb haben wir ein übersichtliches Markiersystem mit verschiedenen Farben für Sie entwickelt.

2.2.1 Textmarkierungen

Farbe	Bedeutung
Gelb	Tatbestandsmerkmale (Voraussetzungen)
Blau	Rechtsfolgen und Schlagwörter (Schlagwörter dienen zum schnellen zurechtfinden im Paragrafendschungel.)
Grün	Zahlen- und Ortsangaben
Rot	Wichtige Wörter, die leicht übersehen werden: und, oder, gilt, ist, muss.
Orange	Links zu anderen Paragrafen
Lila	Zusatzinformationen

▸ **Hinweis 2.2: Verwenden Sie Trocken-Textmarker aus Holz** Wir empfehlen die Verwendung von Trockentextmarkern aus unlackiertem Holz zum Spitzen. Der Dickkern mit Leuchtpigmenten ersetzt die Kunststoff-Textmarker mit ihren gesundheitsschädlichen Lösungsmitteln und dient so dem Umweltschutz. Darüber hinaus drücken sich die Farben bei den dünnen Seiten der Loseblattsammlungen nicht auf die andere oder sogar auf mehrere Folgeseiten hindurch. Ein weiterer Vorteil besteht in der Radierbarkeit, sollten Sie einmal falsch markiert haben. Wir haben als Service für Sie Bestell-Links auf unsere Homepage www.pruefung-bestehen.de gestellt. Auch ein biegsames Lineal finden Sie dort.

2.2.2 Zusatzinformationen

Auch um Zusatzinformationen im Gesetzestext unterzubringen, lässt sich das Mastersystem anwenden. Auf diese Weise lässt sich das Mastersystem weiter üben.

Beispiel 2.2: Markiertechnik
Sie wollen in § 1 EStG anbringen, dass der Wohnsitz in § 8 AO geregelt ist.
Mit einem Bleistiftpunkt unter dem W, das die 8 im Mastersystem widerspiegelt und einem lila Randstrich am Textrand wird schnell klar, dass Sie bei der Prüfung der unbeschränkten Steuerpflicht auch den § 8 AO nennen sollten. Zur Verdeutlichung, dass es sich um die AO handelt, kann zusätzlich ein A und ein O in derselben Zeile markiert werden. Um Verwechslungen auszuschließen, schlagen wir die Farbe Lila für solche Zusatzinformationen vor.

„§ 1 [Steuerpflicht]

I (1) ¹Natürliche Personen, die im Inland einen Wohnsitz oder ihren gewöhnlichen Aufenthalt haben, sind unbeschränkt einkommensteuerpflichtig. ²Zum Inland im Sinne dieses Gesetzes gehört auch der der Bundesrepublik Deutschland zustehende Anteil am Festlandsockel, soweit dort Naturschätze des Meeresgrundes und des Meeresuntergrundes erforscht oder ausgebeutet werden."

Längere Paragrafen lassen sich im Gesetzestext in Reihenfolge der Zahlen unterbringen. Absätze lassen sich mit waagerechten Strichen und Sätze mit senkrechten Strichen unter den entsprechenden Buchstaben darstellen.

Symbol	Bedeutung
Punkt (•)	Paragraf, Richtlinie
waagerechter Strich (_)	Absatz
senkrechter Strich (|)	Satz

2.2.3 Randstriche

Die Randstriche dienen als Verlinkung zu anderen Paragrafen oder Richtlinien.
Eine Unterscheidung wohin der Randstrick verweist, kann durch verschiedene Farben vorgenommen werden:

Farbe	Bedeutung
Orange	Selbes Gesetz
Lila	Anderes Gesetz (ggf. Hinweis auf entsprechendes Gesetz mit lila erstellen – siehe Beispiel 2: Markiertechnik)
Grün	Richtlinien
Blau	Erlasse

> **Beispiel 2.3: Verlinkung zu längeren Paragrafen und Absätzen**
> Im § 5 Abs. 2 EStG (Bilanzierungsverbot für unentgeltlich erworbene Wirtschaftsgüter) soll der Bezug zum entsprechenden HGB-Paragrafen inkl. Absatz (§ 248 Abs. 2 HGB) hergestellt werden.

Im Gesetzestext müsste in richtiger Reihenfolge ein Punkt unter einem n (2), einem r (4) und einem w, v oder f (8) gesetzt werden und ein waagerechter Strich unter einem n für Absatz 2. Ein lila Randstrich am Textrand verrät die Verlinkung für das eingeübte Auge. So könnte die Markierung aussehen:

„§ 5 Gewinn bei Kaufleuten und bei bestimmten anderen Gewerbetreibenden

...

(2) Für immaterielle Wirtschaftsgüter des Anlagevermögens ist ein Aktivposten nur anzusetzen, wenn sie entgeltlich erworben wurden."

•   ••   –

▸ **Hinweis 2.3: Verlinkungen in schriftlicher Prüfung verboten** In den meisten Bundesländern sind Markierungen in den Gesetzestexten erlaubt. Wir weisen ausdrücklich darauf hin, dass eine Beschriftung oder sogar Verlinkung zu anderen Paragrafen in den meisten Bundesländern verboten ist und als Täuschungsversuch gewertet werden. Deshalb sollten Verlinkungen mit Bleistift eingetragen werden und vor der Prüfung entfernt werden.

2.3 Pauschbeträge etc.

Genauso wichtig wie das Kennen der Paragrafen ist die Kenntnis der entsprechenden Pauschbeträge. Diese sind ständigen Gesetzgebungsänderungen unterworfen. Für die Prüfung allerdings steht der Rechtsstand früh genug fest, um sie zu memorieren.

Paragrafen haben den Vorteil, dass sie maximal vier Ziffern umfassen. Für ein oder zwei Ziffern genügt ein Merkwort aus dem Mastersystem. Für drei und vier Ziffern wird die Spruch-Methode angewandt. Diese kann natürlich auch für längere Zahlen wie z. B. Pauschbeträge verwendet werden. Allerdings werden dann evtl. die Sprüche zu lang.

Deshalb empfehlen wir die Kombination aus Geschichten- und Mastersystem, um längere Pauschbeträge zu merken. Mit Hilfe des Mastersystems werden die Zahlen in Bilder umgewandelt.

Dann werden die einzelnen Bilder in der Reihenfolge der Zahl in eine Geschichte verpackt.

Übung 24: Grundfreibetrag für Eheleute
Memorieren Sie bitte den Grundfreibetrag für Verheiratete i. H. v. 16.260,00 € unter Verwendung der oben gezeigten Vorgehensweise. Die Lösungen finden Sie im Abschn. 2.6.

Übung 25: Pausch- und Freibeträge im EStG

Memorieren Sie folgende Pausch- bzw. Freibeträge mittels der in Abschn. 2.3 beschriebenen Methode. Zum Nachlesen sind die entsprechenden Paragrafenangaben beigefügt. Die Lösungen finden Sie im Abschn. 2.6.

Nr.[a]	Bezeichnung	Paragraf	€/Jahr[b]
1.	Arbeitnehmer-Pauschbetrag	§ 9a Abs. 1 Nr. 1 Buchst. a EStG	1000,00
2.	Werbungskosten-Pauschbetrag für Versorgungsbezüge	§ 9a Abs. 1 Nr. 1 Buchst. b EStG	102,00
3.	Sparer-Freibetrag	§ 20 Abs. 9 EStG	801,00
4.	Werbungskosten-Pauschbetrag für sonstige Einkünfte	§ 9a Abs. 1 Nr. 3 EStG	102,00
5.	Grundfreibetrag	§ 32a Abs. 1 EStG	8130,00
6.	Kindergeld für 1. bis 2. Kind	§ 66 Abs. 1 EStG	2208,00
7.	Kindergeld 3. Kind	§ 66 Abs. 1 EStG	2280,00
8.	Kindergeld ab 4. Kind	§ 66 Abs. 1 EStG	2580,00
9.	Kinderfreibetrag	§ 32 Abs. 6 EStG	2184,00
10.	Kinderbetreuungsfreibetrag	§ 32 Abs. 6 EStG	1320,00
11.	Altersvorsorgegrundzulage für Riesterrente	§ 84 EStG	154,00
12.	Altersvorsorgekinderzulage für Riesterrente	§ 85 EStG	300,00
13.	Geschenke	§ 4 Abs. 5 Nr. 1 EStG	35,00
14.	Schuldzinsen	§ 4 Abs. 4a EStG	2050,00

[a] Die laufende Nummer dient zum Nachschlagen des Lösungsvorschlages.
[b] Die Beträge sind als Jahresbeträge dargestellt. Ist der entsprechende Tatbestand für weniger als 1 Kalenderjahr erfüllt, ist ggf. zu zwölfteln. Die Beträge sind für Alleinstehende dargestellt. Für Ehegatten verdoppeln sich die meisten Beträge.

Übung 26: Beträge im UStG

Memorieren Sie folgende Beträge aus dem Umsatzsteuergesetz mittels der in Abschn. 2.3 beschriebenen Methode. Zum Nachlesen sind die entsprechenden Paragrafenangaben beigefügt. Die Lösungen finden Sie im Abschn. 2.6.

Nr.	Bezeichnung	Paragraf	€/Jahr
15.	Kleinunternehmer	§ 19 UStG	17.500,00
16.	monatlicher Voranmeldungszeitraum	§ 18 Abs. 2 UStG	7500,00
17.	vierteljährlicher Voranmeldungszeitraum	§ 18 Abs. 2 UStG	1000,00
18.	Istbesteuerung	§ 20 UStG	500.000,00

2.4 Lernen von Tatbestandsmerkmalen

Für das Lernen von Tatbestandsmerkmalen, Voraussetzungen oder Rechtsfolgen eignen sich sowohl die Geschichten- als auch die Routenmethode aus Abschn. 1.3 bzw. 1.4 dieses Buches.
Die Vorgehensweise lässt sich wie folgt darstellen:

1. Aus einem Gesetz werden die Tatbestandsmerkmale herausgeschrieben und aufgelistet.
2. Markieren Sie aus den aufgeschriebenen Tatbestandsmerkmalen jeweils ein Wort. Dadurch nehmen Sie eine sogenannte Verschlagwortung vor. Meist genügt nur ein Wort, um das entsprechende Merkmal zu umschreiben und sich später daran zu erinnern.
3. Diese markierten Wörter werden nun in ein mentales Bild mit möglich viel Fantasie, Gefühlen und Farben umgewandelt.
4. Diese Bilder werden in eine Geschichte umgewandelt oder auf einer Route abgelegt.

> **Übung 27: verdeckte Gewinnausschüttung und verdeckte Einlage**
> In der Körperschaftsteuer sollten Sie die Tatbestandsmerkmale der verdeckten Gewinnausschüttung (vGA) und der verdeckten Einlage stets parat haben. Um solche Informationen immer abrufbar zu halten, legen wir diese Informationen verdeckt am Körper ab.
> Schauen Sie in R 36 KStR und R 40 KStR nach und erstellen Sie eine Liste der Tatbestandsmerkmale. Gehen Sie nach der obigen Anleitung vor und speichern Sie mit Hilfe der Körperroute diese Voraussetzungen inkl. der dazugehörigen Richtlinienfundstellen.

2.5 Eselsbrücken

Mit freundlicher Genehmigung des Lehrgangswerk Haas veröffentlichen wir zwei dort verwendete Lernsprüche:

1. **präveranbemesszuzinszerfest**
   gelesen: prä-veran-bemess-zuzins-zerfest
   Wenn dieses Wort mehrmals laut gelesen wird, prägt es sich unwiderruflich ein.
   Dieses Wort enthält Abkürzungen für alle steuerbescheidähnlichen Verwaltungsakte. Diese sind wichtig für die Beurteilung der Festsetzungsverjährung gemäß der §§ 169 ff. AO, der Korrekturnormen nach den §§ 172 ff. AO und die Vorbehaltsfestsetzung nach § 164 AO.

Abkürz.	Bedeutung	Paragraf
Prä	= Prämien- und Zulagenbescheide (z. B. Wohnungsbauprämie, Investitionszulage)	
Ver	= Vergütungsbescheide	§ 155 Abs. 4 AO
An	= Steuer-Anmeldung	§§ 167, 168 AO
Be	= Steuer-Bescheid	§ 155 AO
Mess	= Steuer-Messbescheid	§ 184 Abs. 1 Satz 3 AO
Zu	= Zuteilungsbescheid	§ 190 Satz 2 AO
Zins	= Zinsbescheid	§ 239 Abs. 1 AO
Zer	= Zerlegungsbescheid	§ 185 AO
Fest	= Feststellungbescheide	§ 181 Abs. 1 Satz 1 AO

Für andere Verwaltungsakte gelten in der Regel die Vorschriften für Widerruf und Rücknahme nach § 130 und § 131 AO.

2. **Weg zu Art vor Form in fri Befug und Prolls hängen sich keine Kraft auf den Rücken**
In diesem Spruch sind alle wichtigen Zulässigkeitsvoraussetzungen für eine Klage am Finanzgericht enthalten:

Abkürz.	Bedeutung	Paragraf
Weg	= Finanzrechtsweg	§ 33 FGO
Zu	= Zuständigkeit	§§ 35–39 FGO, § 70 FGO
Art	= Klageart	§§ 40 ff. FGO
Vor	= Vorverfahren (Einspruch)	§ 44 FGO i. V. m. § 347 AO
Form	= Form der Klageerhebung	§ 64 FGO
In	= Inhalt der Klageschrift	§ 65 FGO
Fri	= Klagefrist	§§ 47, 54 FGO
Befug	= Klagebefugnis	§ 48 FGO
und Prolls	= Prozessfähigkeit und Bevollmächtigte	§ 58 FGO, § 62 FGO
hängen	= keine Anhängigkeit vor anderen Gerichten	
sich	= kein Verzicht	§ 50 FGO
Kraft	= keine entgegenstehende Rechtskraft	
auf den Rücken	= keine Rücknahme	§ 72 FGO

Diese beiden Eselsbrücken muten anfangs etwas komisch an, sind aber stets treue Freunde bei der Klausurbearbeitung. Man bedenke nur: mit dem zweiten Spruch lässt sich eine komplette FGO-Aufgabenstellung souverän lösen.

2.6 Lösungsvorschläge zu den Übungen

Lösung zu Übung 22: Zweistellige AO-Paragrafen

Nr.	Inhalt (Schlagwort)	Gesetz	Paragraf	Merkwörter
1.	Sitz	AO	11	Affe Teddy
2.	Betriebsstätte	AO	12	Affe Tanne
3.	wirtschaftlicher Geschäftsbetrieb	AO	14, 64	Affe Teer Schere
4.	Angehörige	AO	15	Affe Tal
5.	Betriebsfinanzamt	AO	18	Affe Taufe
6.	Wohnsitzfinanzamt	AO	19	Affe Taube
7.	Steuergeheimnis	AO	30	Affe Moos
8.	gesetzlicher Vertreter	AO	34	Affe Meer
9.	Ansprüche Steuerschuldverhältnisse	AO	37	Affe Mac
10.	Entstehung Steueransprüche	AO	38	Affe Mafia
11.	wirtschaftliches Eigentum	AO	39	Affe Mappe
12.	gesetzwidriges Handeln	AO	40	Affe Rose
13.	unwirksame Rechtsgeschäfte	AO	41	Affe Radio
14.	Gesamtschuldner	AO	44	Affe Rohr
15.	Gesamtrechtsnachfolge	AO	45	Affe Rolle (vorwärts)
16.	Haftung	AO	69	Affe Schippe

Bitte lesen Sie sich die jeweiligen Paragrafen im Gesetz durch, wenn Sie die Paragrafen memorieren. Auf diese Weise verknüpft Ihr Gehirn Zusatzinformationen mit der Geschichte. Ein Blick ins Gesetz hilft oft auch, wenn Ihnen keine passenden Szenen einfallen wollen.

Die folgenden Szenen sind Vorschläge zu den zweistelligen AO-Paragrafen. In allen spielt der Affe die Hauptrolle, da er als Merkwort für die Abgabenordnung steht. Die Merkwörter aus dem Mastersystem sind **fett** gedruckt, die Schlagwörter, die den jeweiligen Inhalt widerspiegeln *fett und kursiv*

1. Ein *sitzender* Affe hält einen **Teddy** im Arm.
2. Der Affe macht unter einer **Tanne** eine *Betriebsstätte* auf und verkauft Weihnachtstannen.
3. Der *wirtschaftliche Geschäftsbetrieb* hat mit Vereinen zu tun. Stellen Sie sich das Clubheim Ihres Sportvereins vor.
   Sehen Sie, wie dort ein Affe mit einer **Schere** den **Teer** vom Sportschuh kratzt.
4. Ein Affe trifft seine *Angehörigen* in einem **Tal** – weiter oben bereits ausführlich erläutert.

5. Die Affen aus dem Betriebsfinanzamt haben eine neue Geschäftsidee: Jeder Betrieb, der seine Steuerschulden pünktlich bezahlt, wird **getauft**.
6. Ein Affe fängt in Ihrem Wohnzimmer **Taube**.
7. Der Affe lässt Ihre Steuerakten im **Moos** liegen und bricht damit das Steuergeheimnis.
8. Ein minderjähriger Affe sucht am **Meer** seine Eltern (seine gesetzlichen Vertreter).
9. Der Anspruch auf Steuererstattung ist zu niedrig ausgefallen. Aus Frust frisst der Affe erstmal einen **Mac**.
10. Für die Entstehung stelle ich mir immer eine Geburt vor, besser gesagt das Schlüpfen aus einem Ei. Gerade weil ein Affe als Säugetier nicht einem Ei entspringt, muss mit einer Kettensäge (Bild für **Mafia**) nachgeholfen werden.
11. Der Affe trägt eine Akten**mappe** unterm Arm, der sein gesamtes wirtschaftliches Eigentum dokumentiert.
12 Affen eine **Rose** zu schenken ist von Gesetz aus verboten und stellt ein gesetzwidriges Handeln dar.
13. Ein Affe im **Radio**? Das ist unmöglich und somit ein unwirksames Rechtsgeschäft.
14. Gesamtschuldner spült es im Fall der Fälle gemeinsam das **Rohr** hinunter.
15. Das Eigentum macht beim Erwerb durch Gesamtrechtsnachfolgeeine **Rolle** vorwärts und geht so auf die nächste Generation über.
16. Der Affe, der die **Schippe** kaputt macht, muss auch dafür haften.

2.6 Lösungsvorschläge zu den Übungen

Lösung zu Übung 23: Dreistellige AO-Paragrafen

17.	Wiedereinsetzung in den vorigen Stand	AO	110	Die Dame ist zurück.
18.	Verwaltungsakt	AO	118	Die Definition vom Verwaltungsakt.
19.	Aufbewahrungspflichten	AO	147	Die Oma räumt's Chaos.
20.	Abgabefrist	AO	149	Das reicht bis in 5 Monaten.
21.	Verspätungszuschlag	AO	152	darf legal nicht 10 % übersteigen.
22.	Festsetzungsverjährung	AO	169	Die Schonfrist beträgt 4 Jahre.
23.	Ablaufhemmung	AO	171	Die Ablaufhemmung kann es verzögern.
24.	Außenprüfung	AO	193	ist das Prüfungs-Mittel.
25.	Stundung	AO	222	nur notfalls nötig
26.	Aufrechnung	AO	226	nutzt nur Schuldnern, wenn gleich gegen Auffällige das Haupt entsteht.
27.	Zahlungsverjährung	AO	228	ist normal nach Fälligkeit 5 Jahren
28.	Säumniszuschlag	AO	240	nicht rechtzeitig zahlen
29.	Vollstreckung	AO	249	nicht rechtzeitig beglichen
30.	Einspruch	AO	347	manchmal retten kann
31.	Aussetzung der Vollziehung	AO	361	Man schont durch Aussetzung sein Portemonnaie.
32.	Steuerhinterziehung	AO	370	macht keinen Spaß.
33.	Selbstanzeige	AO	371	macht klugen Täter straffrei.

Die folgenden Szenen sind Vorschläge zu den dreistelligen AO-Paragrafen. Die Sprüche enthalten sowohl einen Bezug zum Merkwort des Mastersystems als auch zum Schlagwort, das den Inhalt des Paragrafen symbolisiert.

17. Wenn beim Schachspiel ein Bauer bis zum anderen Spielfeldrand vorbricht, verwandelt er sich in eine Dame. Wenn nun die Dame vorher schon geschlagen wurde, stellt dieser Spielzug die Wiedereinsetzung in den vorigen Stand dar. Das i von ist wird als Vokal ignoriert und dient lediglich als Füller. **D**ie **D**ame ist **z**urück (d d z = 1 1 0).
18. **D**ie **D**efinition **v**om Verwaltungsakt steht in § 118 AO (d d v = 1 1 8).
19. Auch Ihre Oma hat die Pflicht die Unterlagen aufzubewahren. Erst nach der Aufbewahrungszeit kann Sie das Papierchaos auf dem Speicher endlich aufräumen. An dem Spruch **d**ie Oma **r**äumt's **Ch**aos wird deutlich, dass Vokale keine Bedeutung im Mastersystem haben. Das O von Oma wird als Lückenfüller übersprungen. Desweitern funktioniert das Mastersystem streng nach Aussprache: Das Ch in Chaos wird wie ein hartes k ausgesprochen und ist damit einer sieben zuzurechnen und nicht einer sechs, die ein weiches ch widerspiegeln würde. (d r ch = 1 4 7)
    Aus diesem Grund sollten Merkwörter wie Chemie oder China nicht verwendet werden, da manche sie mit hartem Ch (wie K) und andere mit weichem Ch (wie Sch) aussprechen und so zu unterschiedlichen Zahlenergebnissen kommen würden.

20. Bis wann müssen Sie die Steuererklärung abgeben ? Auf diese Frage antworten Sie in Zukunft mit: **Das** **r**eicht **b**is in 5 Monaten. Damit ist klar, dass die Steuererklärung bis Ende Mai (5. Monat nach Ablauf des Veranlagungszeitraums) einzureichen ist. Außerdem enthält der Spruch in den Anfangsbuchstaben der Wörter (d r b) verschlüsselt den Paragrafen 1 4 9 AO.
21. Der Verspätungszuschlag **d**arf **l**egal **n**icht 10 % übersteigen. Diese etwas umständliche Formulierung enthält die Information, dass bei verspäteter Abgabe der Steuererklärung ein Verspätungszuschlag von bis zu 10 % der festgesetzten Steuer festgesetzt werden darf. Wenn man genau liest, heißt das auch, dass der Verspätungszuschlag nicht automatisch entsteht wie es beim Säumniszuschlag der Fall ist. Nebenbei ist der Paragraf 1 5 2 AO in den Anfangsbuchstaben d l und n enthalten.
22. Solange die Festsetzungsverjährung noch nicht eingetreten ist, besteht die Möglichkeit durch Korrekturvorschriften noch Änderungen ggü. der eingereichten Steuererklärung vorzunehmen. **Die Sch**onfrist **b**eträgt meistens vier Jahre. (d sch b = 1 6 9).
23. **Die Ablaufhemmung k**ann es **v**erzögern, dass die Festsetzungsverjährung eintritt (d k v = 1 7 8)
24. **D**ie Außen**p**rüfung ist **d**as Prüfungs-**M**ittel der Finanzbehörden. (d p m = 1 9 3)
25. Eine Stundung wird nur in besonderen Ausnahmefällen gewährt. Deshalb ist sie nur **n**otfalls **n**ötig. (n n n = 2 2 2)
26. Die Aufrechnung **n**utzt **n**ur **Sch**uldnern, wenn gleich gegen Auffällige das Haupt entsteht. (n n Sch = 2 2 6)
    Dieser Spruch, der ein bisschen komisch anmutet, enthält gleich sämtliche Voraussetzungen der Aufrechnung:
    gleich   = Gleichartigkeit der Forderungen (beide in Geld),
    gegen   = Gegenseitigkeit der Forderungen,
    gegen Auffällige = Fälligkeit der Gegenforderung,
    Haupt entsteht   = Entstehung der Hauptforderung.

27. Die Zahlungsverjährung ist **n**ormal **n**ach Fälligkeit 5 Jahren. Dieser Spruch vermittelt die Zusatzinformation, dass Ansprüche aus dem Steuerschuldverhältnis nach 5 Jahren verjähren. (n n n = 2 2 2)
28. Der Säumniszuschlag entsteht automatisch, wenn Sie **n**icht **r**echtzeitig **z**ahlen. (n r z = 3 4 0)
29. Sollten Sie die Steuerschuld **n**icht **r**echtzeitig **b**egleichen, setzt die Vollstreckung ein. (n r b = 3 4 9)
30. Einspruch **m**anchmal **r**etten **k**ann. Welch weiße Behauptung. (m r k = 3 4 7)
31. **M**an **sch**ont **d**urch Aussetzung der Vollziehung sein Portemonnaie. Der reine Einspruch reicht nicht aus, die Zahlung des Steueranspruches zu verhindern. (M sch d = 3 6 1)
32. Steuerhinterziehung **m**acht **k**einen **S**paß ! (m k S = 3 7 0)
33. Selbstanzeige **m**acht **k**lugen **T**äter straffrei. (m k T = 3 7 1)

2.6 Lösungsvorschläge zu den Übungen

Lösung zu Übung 24: Grundfreibetrag für Eheleute Zerlegen Sie die Zahl in Bestandteile á zwei Ziffern: 16, 26, 0. Beginnen Sie vorne und bilden Sie Zweiergruppen. Eine evtl. übrige letzte Ziffer bleibt alleine stehen. Nun werden diese Zahlen in Merkbilder aus dem Mastersystem umgewandelt. 16 = Tasche, 26 = Nische, und 0 = Sau.

Diese drei Merkbilder werden nun in eine Geschichte rund um den Grundfreibetrag gefasst, z. B.:

Eine **Ehe**frau hat in ihrer Hand**tasche** eine **Nische** in der sich eine Glücks**sau** befindet. Nur damit erhält sie den doppelten Freibetrag.

Lösung zu Übung 25: Pausch- und Freibeträge im EStG Die folgenden Szenen sind Vorschläge zu den Pausch- und Freibeträge im EStG. In allen spielt das Eichhörnchen die Hauptrolle, da es als Merkwort für die Einkommensteuer steht. Die Merkwörter aus dem Mastersystem sind **fett** gedruckt, die Schlagwörter, die den jeweiligen Inhalt widerspiegeln *fett und kursiv*.

1.	Schlagwort:	Arbeitnehmer
	Zerlegung:	1000
	Merkbilder:	10 = Tasse , 00 = Soße
	Geschichte:	Nach Feierabend kochen alle Eichhörnchen-*Arbeitnehmer* eine **Tasse** voll **Soße** zum Abendessen.
2.	Schlagwort:	Versorgung
	Zerlegung:	10, 2
	Merkbilder:	10 = Tasse, 2 = Noah
	Geschichte:	Die *Versorgung* der Eichhörnchen erfolgte durch **Tassen** auf der Arche **Noah**.
3.	Schlagwort:	Sparschwein
	Zerlegung:	80, 1
	Merkbilder:	80 = Fass, 1 = Tee
	Geschichte:	Das *Sparschwein* des Eichhörnchens ist ein **Fass** mit **Tee**.
4.	Schlagwort:	Veräußerung (Hauptfall der sonstigen Einkünfte sind private Veräußerungsgeschäfte)
	Zerlegung:	10, 2
	Merkbilder:	10 = Tasse, 2 = Noah
	Geschichte:	Um all die **Tasse**n für die Eichhörnchen kaufen zu können, *veräußert* **Noah** seine Aktien.
5.	Schlagwort:	Freiheit
	Zerlegung:	81, 30
	Merkbilder:	81 = Fett, 30 = Moos
	Geschichte:	Ein **fettes** Eichhörnchen sitzt auf **Moos** und fühlt sich dabei richtig *frei*.
6.	Schlagwort:	zwei Kinder
	Zerlegung:	22, 08
	Merkbilder:	22 = Nonne, 08 = Seife
	Geschichte:	*Zwei Kinder* und zwei **Nonnen** waschen ein Eichhörnchen mit **Seife**.

7.	Schlagwort:	drei Kinder
	Zerlegung:	22, 80
	Merkbilder:	22 = Nonne, 80 = Fass
	Geschichte:	***Drei Kinder*** spielen mit einer **Nonne** und verstecken sich in einem **Fass**.
8.	Schlagwort:	viertes Kind
	Zerlegung:	25, 80
	Merkbilder:	25 = Nil, 80 = Fass
	Geschichte:	Ein ***viertes Kind*** kommt hinzu und spritzt mit einem Schlauch (**Nil**) Wasser in das **Fass**.
9.	Schlagwort:	Kinder in Ferien
	Zerlegung:	21, 84
	Merkbilder:	21 = Note, 84 = Fähre
	Geschichte:	**Kinder** haben gute **Noten** und fahren mit der **Fähre** in die **Ferien**.
10.	Schlagwort:	drinnen spielende Kinder
	Zerlegung:	13, 20
	Merkbilder:	13 = Team, 20 = Nase
	Geschichte:	***Drinnen spielende Kinder*** stapeln im **Team** Eichhörnchen auf der **Nase** zu einem hohen Turm.
11.	Schlagwort:	altes Ehepaar
	Zerlegung:	15, 4
	Merkbilder:	15 = Tal, 4 = Reh
	Geschichte:	Ein ***altes Ehepaar*** wandert durch ein idyllisches **Tal**. Dort trifft es auf Eichhörnchen und **Rehe**.
12.	Schlagwort:	altes Ehepaar mit Kindern
	Zerlegung:	30, 0
	Merkbilder:	30 = Moos 0 = Sau
	Geschichte:	Ein ***altes Ehepaar*** schenkt ihrer Tochter eine in **Moos** gebettete Glücks**sau**.
13.	Schlagwort:	Geschenke
	Merkbild:	35 = Mehl
	Geschichte:	Das außergewöhnlichste **Geschenk** von einem ihrer Kunden war ein Eichhörnchen und **Mehl**.
14.	Schlagwort:	Über dem Arm (Überentnahmen)
	Zerlegung:	20, 50
	Merkbilder:	20 = Note, 50 = Lasso
	Geschichte:	**Über** dem rechten Unter***arm*** lässt das Eichhörnchen eine **Note** tanzen und fängt es mit dem **Lasso** wieder ein.

Lösung zu Übung 26: Beträge im UStG Die folgenden Szenen sind Vorschläge zu den Pausch- und Freibeträge im UStG. In allen spielt der Uhu die Hauptrolle, da es als Merkwort für die Umsatzsteuer steht. Die Merkwörter aus dem Mastersystem sind **fett** gedruckt, die Schlagwörter, die den jeweiligen Inhalt widerspiegeln ***fett und kursiv***.

15.	Schlagwort:	Kleiner Unternehmer
	Zerlegung:	17, 50, 0
	Merkbilder:	17 = Theke, 50 = Lasso, 0 = Sau
	Geschichte:	Ein *kleiner Unternehmer* verdient sein Geld hinter der **Theke** und damit dass er mit dem **Lasso** ausgelaufene **Säue** einfängt. Ein treuer Uhu begleitet ihn immer.
16.	Schlagwort:	Anmeldung
	Zerlegung:	75, 00
	Merkbilder:	75 = Keule, 00 = Soße
	Geschichte:	Sie melden sich im Restaurant „Zum Uhu" an. Es ist berühmt für seine Hirsch**keule** mit **Soße**.
17.	Schlagwort:	Viertel
	Zerlegung:	10, 00
	Merkbilder:	10 = Tasse, 00 = Soße
	Geschichte:	Im Restaurant „Zum Uhu" fällt Ihnen eine **viertel Tasse Soße** zu Boden.
18.	Schlagwort:	Istbesteuerung
	Zerlegung:	500
	Merkbilder:	50 = Lasso, 0 = Sau
	Geschichte:	Zum Hauptgang gibt's im Restaurant „Zum Uhu" eine mit dem **Lasso** gefangene **Sau**. Dass es 500 Tausend sind, wird ihr Gehirn auch ohne Merkhilfe bemerken.

Lösung zu Übung 27: verdeckte Gewinnausschüttung und verdeckte Einlage

1. Nachschlagen der Tatbestandsmerkmale
   Die Tatbestandsmerkmale einer vGA und einer verdeckten Einlage finden Sie nicht im Gesetz. In § 8 Abs. 3 S. 2 + 3 KStG finden Sie nur folgende Hinweise:
   „Verdeckte Gewinnausschüttungen ... mindern das Einkommen nicht."
   „Verdeckte Einlagen erhöhen das Einkommen nicht." Diese Zitate sollten Sie zwar immer in der Klausurbearbeitung hinschreiben, sobald Sie vGA bzw. verdeckte Einlagen entdecken, aber die Voraussetzungen finden Sie hier nicht.
   Dafür müssen Sie einen Blick in die Körperschaftsteuerrichtlinien werfen:
   - *verdeckte Gewinnausschüttung (R 36 KStR):*
     – Vermögens*minderung* oder verhinderte Vermögensmehrung
     – durch das Gesellschafts*verhältnis* veranlasst
     – wirkt sich auf den *Unterschied*sbetrag i. S. des § 4 Abs. 1 Satz 1 EStG aus
     – beruht nicht auf einem den gesellschaftsrechtlichen Vorschriften entsprechenden Gewinn*verteilung*sbeschluss
   - *verdeckte Einlage (R 40 KStR):*
     – einlagefähigen Vermögens*vorteil*
     – durch das Gesellschafts*verhältnis* veranlasst
     – nicht auf die *Höhe des Einkommens* der Empfängerkörperschaft auswirken
     – *außerhalb* der gesellschaftsrechtlichen Einlagen
2. Markieren Sie jeweils ein Wort
   Wir haben die entsprechenden Wörter oben **fett** und *kursiv* markiert.

3. Wandeln Sie die Wörter in mentale Bilder um und
4. legen Sie die Bilder auf einer Route ab.

Wir haben für diese Übung die Körperroute gewählt, damit Sie die Voraussetzungen auch wirklich überall und jederzeit abrufen können.

Dass Sie die Informationen verdeckt am Körper tragen, erinnert Sie daran, dass es sich um verdeckte Gewinnausschüttungen und Einlagen handelt.

Fuß	– ausschütteln (Ausschüttung) und sie ziehen sich eine Masche (36) im Strumpf
Knie	– nimmt ab (Minderung)
Oberschenkel	– sitzt Monika Lewinski (Verhältnis)
Hüfte	– der Gürtel hängt unterschiedlich hoch (Unterschied)
Rücken	– teilt sich (Verteilung)
Brust	– ist mit einer Lage (Einlage) Verband umwickelt, der ein Rosendekor (40) hat
Schulter	– der Teil der Schulter guckt vor (Vorteil)
Hals	– streichelt Monika Lewinski (Verhältnis)
Gesicht	– ist hoch erhoben (Höhe des Einkommens)
Haare	– fallen aus (außerhalb)

Fällt Ihnen bei der Wiederholung eine Voraussetzung nicht ein, ärgern Sie sich nicht. Das mentale Bild war nicht stark genug. Sie wissen aber ganz genau, dass Ihnen eine Voraussetzung fehlt und auch wo sie auf der Körperroute gefehlt hat. Jetzt können Sie gezielt nachlernen. Schmücken Sie dieses Bild mit mehr Fantasie, Gefühlen und Farben aus oder ersetzen Sie es. Dann ist es das nächste Mal garantiert an der Stelle zu finden.

Mündliche Steuerberaterprüfung

3

Sven Braun

In diesem Kapitel wird gezeigt, wie die Gedächtnistechniken aus Kap. 1 speziell für die Vorbereitung auf die mündliche Steuerberaterprüfung angewendet werden können.

> **Beispiel 3.1: mündliche Prüfung**
> Folgende Geschichte wurde in Vorbereitungskursen zur Steuerberaterprüfung erzählt:
> Eine mündliche Prüfung hat drei Fragen. Eine Studentin wird hereingebeten.
> Der Prüfer fragt: „Was ist Disagio?"
> Nach kurzem Überlegen sagt die Studentin: „Weiß ich nicht!"
> Daraufhin sagt der Professor: „Durchgefallen!"
> „Aber ich habe doch Anspruch auf drei Fragen!" erwidert die Studentin.
> „OK", sagt der Prüfer, „2. Frage: Was ist Agio?"
> Studentin: „Weiß ich auch nicht!"
> Prüfer: „Gut dann die 3. Frage: Was ist der Unterschied zwischen Disagio und Agio? – Durchgefallen!"

Sie sehen, wenn man jemand durchfallen lassen möchte, gibt es immer Mittel und Wege. Das soll Sie aber jetzt nicht schockieren. Im Gegenteil: Die meisten Prüfer sind Ihnen wohlgesonnen und stellen einfache Fragen bzw. versuchen Ihnen so weit wie möglich zu helfen.
Übrigens:
Disagio = Abgeld, Unterschied zwischen Nennbetrag und Auszahlungsbetrag, z. B. bei einem Darlehen mit Nennbetrag i. H. v. 100.000,00 € werden nur 96.000,00 € ausbezahlt. 4000,00 € sind Disagio, in diesem Fall vorausgezahlte Zinsen. Dafür erhält der Darlehensnehmer einen günstigeren Zinssatz von der Bank. Es wird auch als „Damnum" bezeichnet.
Agio = Aufgeld, Unterschied zwischen Ausgabebetrag und Auszahlungsbetrag, z. B. bei Aktien mit Nennwert 100,00 € die für 120,00 € an der Börse ausgeben werden. Das Agio i. H. v. 20,00 € pro Aktie wird in der Bilanz als Kapitalrücklage (= Eigenkapital) ausgewiesen.

3.1 Definitionen lernen

Oft beginnt eine Prüfung mit einer vermeintlich einfachen Frage. Sehr beliebt sind bei den Prüfern Grundbegriffe bzw. Definitionen.
Deshalb ist das Lernen von Grundbegriffen und Definitionen so wichtig.
Zum Definieren von Wörtern ist die BUWEG-Methode eine große Hilfe:

BUWEG-Methode

B eschaffenheit   Woher kommt das Wort/die Sache?
U rsache   Warum gibt es das Wort/die Sache?
W irkung   Wie zeigt sich das Wort/die Sache? (Beispiele)
E ndzweck   Welchen Sinn hat das Wort/die Sache?
G egensatz   Wie lautet der Gegensatz des Wortes? (nicht immer möglich)

Übung 28: Definition von Steuern

Die mündliche Prüfung beginnt mit der Frage „Was sind Steuern?".

Lösung: Definition von Steuern Mit Hilfe der BUWEG-Methode wird der Begriff Steuern wie folgt definiert:

B eschaffenheit:
Steuern sind Geldleistungen, die nicht eine Gegenleistung für eine besondere Leistung darstellen.

U rsache
Hier kann z. B. der Paragraf zitiert werden:
Steuern sind geregelt in § 3 Abs. 1 der Abgabenordnung (AO).

W irkung
Sie werden allen auferlegt bei denen der Tatbestand zutrifft, an den das Gesetz die Leistungspflicht knüpft.

E ndzweck
Erzielung von Einnahmen eines öffentlich-rechtlichen Gemeinwesens.

G egensatz
In § 3 Abs. 4 AO sind steuerliche Nebenleistungen definiert: Es sind Verspätungszuschläge (§ 152 AO), Zuschläge gemäß § 162 Abs. 4 AO, Zinsen (§§ 233 bis 237 AO), Säumniszuschläge (§ 240 AO), Zwangsgelder (§ 329 AO) und Kosten (§§ 89, 178, 178a und §§ 337 bis 345 AO) sowie Zinsen im Sinne des Zollkodexes.

3.2 Rhetorische Mittel

Vor den Fragerunden beginnt die mündliche Steuerberaterprüfung mit einem zehnminütigen Vortrag. Rhetorische Mittel sind das Salz in der Suppe eines jeden Vortrags.

3.2 Rhetorische Mittel

Sie dürfen auf keinen Fall fehlen. Eine Rede ist dann gelungen, wenn in jedem Satz ein solches Stilelement zu finden ist. Im Folgenden sind 22 rhetorische Mittel aufgeführt:

Rhetorisches Mittel	Wirkung	Anwendungsbereich	Beispiel
Beispiel	Macht schwer Anschauliches vorstellbar	vielseitig	Gewinneinkünfte, z. B. aus Gewerbebetrieb
Vergleich	Führt etwas Unbekanntes auf etwas Bekanntes zurück	Große/kleine Zahlen; Zeiten (früher – heute) Tipp: Wählen Sie einfache Vergleiche.	Bei einem Steuersatz von 50 % arbeiten Sie ein halbes Jahr für die Steuern.
Bild (Metapher)	Regt Gefühle an	Emotionsgeladene Rede Tipp: Achtung vor: Bildbruch, Doppeldeutung	Vom Hundertsten ins Tausendste
Kurzerzählung (Narratio)	Ähnlich wie das Beispiel verbindet sie Daten mit der Wirklichkeit und hebt gleichzeitig die Spannung.	Tipp: Bilden Sie humorvolle Kurzgeschichten in Präsens und direkter Rede (wenn möglich).	Der Staat erhob früher sogar eine eigene Steuer für Vermögen, die sog. Vermögenssteuer.
Wiederholung	Hervorhebung des Gesagten	Wichtige Aussagen Tipp: Variieren Sie die Wiederholungen; nie persönliche Fürwörter wiederholen; je intelligenter die Zuschauer, desto mehr müssen Sie variieren.	Wörtliche Wiederholung: z. B. Wortverdopplung Teilwiederholung: Ich finde gut, dass … **Ich finde gut**, dass … erweiterte Wiederholung: Ich bin mir bewusst, **absolut bewusst**, dass …
Verdeutlichung (Correctio)	Verstärken	Erklärungen	Erst $_{schwächer}$ besser … dann **stärker**
Ausruf	Motivation	Aufforderung	Tun wir was!
Zitat	Aufwertend	Vielseitig Tipp: ablesen, damit man keinen Fehler macht	Wie schon Aristoteles sagte: „In fünf Jahren hatten die Leute ihr ganzes Vermögen für Steuern ausgegeben."
Kreuzstellung (Chiasmus) A B B A	Faszinierend	Vielseitig Tipp: Lieblingsmittel meines Rhetoriklehrers Herr Giesen	Nicht **angestrengte Liebe**, sondern **liebevolle Anstrengung** soll zwischen den Völkern herrschen.
(Stabreim) gleicher Anfangsbuchstabe	Auflockernd	Vielseitig	Milch macht müde Männer munter.

Rhetorisches Mittel	Wirkung	Anwendungsbereich	Beispiel
Steigerung	Verstärkung	unterschiedlich	ich ... wir gut ... besser ... am besten
Gegensatz (Antithese)	Zwiespalt, Spannung und Zerrissenheit	Widerlegung Tipp: Wir denken in Gegensätzen!	einerseits ... andererseits Tag – Nacht Wir wollen ein **heißes** Herz und einen **kühlen** Kopf behalten.
Kette A B B C C	Verbindend	Aufzählungen, Steigerungen Tipp: Vorsicht: Hiermit kann manipuliert werden!	Wer Rhetorik beherrscht, beherrscht Menschen, wer Menschen beherrscht, besteht mündliche Prüfungen!
Überraschung	Belebend	Immer mal wieder	Wir werden immer reicher: durch Erfolge an Geld, durch Misserfolge an Weisheit.
Ankündigung	Spannung aufbauen, Zuhörer fesseln	Höhepunkte, Einleitung	sie werden erstaunt sein, ... welche Argumente es hier gibt ... was man darunter alles zählen kann
Wortspiel	Faszinierend	Vielseitig	Wir wollen nicht den Mensch verstaatlichen, sondern den Staat vermenschlichen.
Anspielung (Allusion)	Angreifend	Verbale Attacke, Verteidigung	Das ist kein kleiner Betrag.
Umschreibung (Periphrase)	Sachlich, glaubhaft	Begründungen	Etwas indirekt sagen: aus Berlin hört man, ...
Übertreibung (Hyperbel)	Überraschend	Vielseitig Tipp: Die Übertreibung sollte erkennbar sein.	Ein Meer von Paragrafen
Scheinwiderspruch (Paradoxon)	Stimulierend	In Sprichwörtern	Ein Augenblick wie eine Ewigkeit. Wo nichts mehr kritisiert wird, ist etwas nicht in Ordnung.

Rhetorisches Mittel	Wirkung	Anwendungsbereich	Beispiel
Scheinfrage (rhetorische Frage)	Aufmerksamkeit, Publikum einbeziehen	Erklärungen	Geschlossene Frage: Wer möchte nicht die Steuerberaterprüfung erfolgreich abschließen? offene Frage (auch W-Fragen genannt): Fragen deren Antwort nicht „Ja" oder „Nein" lautet, Beispiele: Wie …?, Wo …?, Wer …?, Was …?, Warum …?, Wann …?
3er Kette (Triade) drei Substantive, Verben, Adjektive, Nebensätze	Belebend	Vielseitig	Er kam, sah und siegte.

Aus Platzgründen können nicht alle rhetorischen Mitteln ausführlich erläutert werden. Im Internet, z. B. unter www.wikipedia.de können weitere Informationen abgerufen werden.

In schriftlichen Formulierungen zeugen solche Ausdrucksformen von einem schlechten Stil.

In der Rede, in der freien Rede haben Sie nichtsdestotrotz eine beeindruckende, ja sogar eine sehr beeindruckende Wirkung.

Dieser Satz enthält zwei Wiederholungen, die mit jeweils einer Steigerung kombiniert wurden. Der Anfang des Satzes „In der Rede" wird mit der Steigerung „in der freien Rede" wiederholt. Das Wort „beeindruckend" wird mit einer Steigerung „sehr beeindruckend" wiederholt.

3.3 Rhetorik-Training

3.3.1 Konzept

Für den mündlichen Vortrag der Steuerberaterprüfung empfehlen sich folgende Tipps für das Konzept anzuwenden.

1. DIN A5 Karteikarten verwenden
   Diese lassen sich gut in der Hand halten. Solche Karten wurden auch in der mündlichen Prüfung vom Ministerium gestellt. Falls solche Karten nicht zur Verfügung stehen, wird ein DIN A4 Blatt einmal in der Mitte der längeren Seite gefaltet.

| Vorauslesen | Blickkontakt | Begriffs-bestimmung | Inhalts-wiedergabe | Redner-studium | Redeprobe |

Abb. 3.1 Der gelungene Vortrag

2. Das Konzept in Einleitung – Hauptteil – Schluss gliedern
   Für die Einleitung und für den Schluss sollte jeweils eine separate Karteikarte verwendet werden. Diese können ausformuliert werden.
3. Groß und leserlich schreiben
   Schreiben Sie die Karteikarte nicht voll, sie soll übersichtlich und schnell zu erfassen sein.
4. Nur Stichwörter aufschreiben
   Wenn Sie bei der Einleitung sehr unsicher sind, formulieren Sie diese aus.
   Ansonsten sind ganze Sätze strengstens verboten. Ganz nach dem Motto: Weniger ist mehr.[1]
5. Sachverhalte aufmalen
   Bilder sagen mehr als tausend Worte. Vielleicht lässt sich für das Thema eine Mindmap[2] erstellen.

Beispiele zu Vorträgen als PowerPoint-Foliensatz finden Sie unter www.pruefung-bestehen.de im Internet.

3.3.2 Der gelungene Vortrag

- Vorauslesen
  Während des Vortrags können Sie eine Karteikarte im Ganzen erfassen, wenn sie entsprechend den Angaben in Abschn. 3.3.1 erstellt wurden. Das Gehirn kann wesentlich schneller denken, als wir sprechen. Während des Redens kann gleichzeitig am Schluss eines Satzes der nächste Satz schon im Voraus gelesen werden.[3] Diese Eigenschaft kann z. B. bei einem Nachrichtensprecher beobachtet werden.
- Blickkontakt zu den Prüfern
  Das Vorauslesen dient dazu, während des Vortrags Blickkontakt mit den Prüfern zu halten. Grundsätzlich gilt, dass zuerst ein freundliches Gesicht ausgewählt wird. Ein Prüfer ist immer interessierter als die anderen. Dieser Prüfer ist für das Vortragsthema zuständig. Ihn sollten sie häufiger anschauen. Aus Prüfungsprotokollen früherer Teilnehmer kann evtl. entnommen werden, welcher Prüfer für welchen Bereich zuständig ist. Trotz-

---

[1] Der Fokus auf das Wesentliche wird in Abschn. 4.1.2 ausführlich erläutert.
[2] Mindmaps wurden von Tony Buzan erfunden. Sie eignen sich zur grafischen Aufbereitung von Informationen, die in Zusammenhang miteinander stehen.
[3] Mehr dazu im Kap. 4 Schnelllesen.

dem sollten während des Vortrags alle Prüfer angeschaut werden. Vor allem die Prüfer an den Seiten werden oft vernachlässigt.
- Begriffsbestimmung
Unbekannte, schwierige oder fremdsprachige Wörter sollten kurz definiert werden. Für den Fall, dass ein Prüfer fragt: „Was verstehen Sie darunter?"
- Inhaltswiedergabe
Die Karteikarten sollten nur mit einer Hand festgehalten werden. Rechtshänder mit der linken und Linkshänder mit der rechten Hand. Die andere Hand kann so zum Weiterblättern der Karteikarten und für unterstreichende Gesten verwendet werden. Die Gesten unterstreichen kurz vor dem Gesagten am wirkungsvollsten. Die Sätze sollten kurze Hauptsätze sein und laut, verständlich und langsam vorgetragen werden. Verschachtelte Sätze mit „wenn" oder „als" werden von den Prüfern schlecht aufgenommen, denn das Kurzspeichergedächtnis speichert max. 10 Sekunden. In jedem Satz wird min. ein rhetorisches Mittel verwendet. Neben Gesten und rhetorischen Mitteln sind gezielt gesetzte Pausen wirkungsvolle Instrumente zum Unterstreichen des Gesagten. Pausen heben die Spannung vor einer wichtigen Passage. Des Weiteren sollten „ähms" oder „ähs" durch kleine Pausen ersetzt werden. Diese sind unauffällig und geben auch die Zeit um Anschluss zu finden. Da diese „ähms" und „ähs" unbewusst gesagt werden, ist Training erforderlich, um sie in Pausen zu verwandeln.
- Rednerstudium
Das Studieren von Vortragenden bei allen Gelegenheiten (z. B. Nachrichtensprecher, Vortragende auf Seminaren) hilft den eigenen Vortrag zu verbessern.
Das Studium besteht im Wesentlichen aus zwei Fragen:
  a) Was sagt er?
    - Gliederung
    - Logik
  b) Wie sagt er es?
    - Gestik
    - Sprechstärke
    - Geschwindigkeit
    - Pausen
- Redeprobe
Der Redeprobe haben wir ein eigenes Kapitel gewidmet: Abschn. 3.5 beschreibt die idealen Übungsvoraussetzungen für die mündliche Steuerberaterprüfung.

3.4 Korrekturmöglichkeiten während des Vortrags

Während des Vortrags können verschiedene unangenehme Situationen auftreten, wie z. B. Stecken bleiben, Blackout oder ähnliches. Vor solchen Szenarien haben die meisten Prüfungsteilnehmer Angst oder sogar Panik. Doch es gibt Techniken, um diese Situationen

Abb. 3.2 Korrekturmöglichkeiten während des Vortrags

| Stecken bleiben | Fehlende Begriffe | Verunglückte Satzformulierungen |

unbemerkt von den Prüfern souverän zu meistern. Denn Ziel dieses Buches ist es, Ihnen auch diese Panik zu nehmen.

- Stecken bleiben
    - Mit Karteikarten: „Ich habe den Faden verloren, ich muss kurz nachschauen."
    - Ohne Karteikarten: „Ich möchte kurz zusammenfassen."/„Ich erläutere noch einmal den letzten Gedanken."
    - Damit wird Zeit gewonnen, die Gedanken neu zu strukturieren.
- fehlende Begriffe
    - verhaspeln: „Sie wissen ja, was ich meine".
      (Versuchen Sie erst gar nicht, den missglückten Begriff zu wiederholen!)
    - Fehler vermeiden: je schwieriger das Wort, desto langsamer sprechen!
    - Wort fehlt: Brechen Sie den Satz ab. Der Übergang kann wie folgt formuliert werden:
        - „Wie kann ich es besser/Ihnen genauer sagen?"
        - „Es liegt mir auf der Zunge." oder „Ich komme nicht drauf."
- verunglückte Satzformulierung
    - Auch hier ist der Abbruch des Satzes möglich. Durch Sätze wie „Wie kann ich es besser/Ihnen genauer sagen?" oder dem Einfügen der Wörter „genauer formuliert: ..." gewinnen Sie Zeit und können den Satz neu aufbauen.

Durch solche einfachen Tricks bleibt den Prüfern verborgen, dass Ihnen eigentlich ein Missgeschick passiert ist. Im Idealfall klingt die Korrektur sogar wie ein rhetorisches Mittel, z. B. die Wiederholung oder Steigerung.

3.5 Vorbereitung in der Gruppe

Eine mündliche Prüfung lässt sich am besten in einer Gruppe vorbereiten. Dabei ist eine Gruppenstärke von drei bis sechs Teilnehmern ideal. Vorab sollten Sie aktuelle Themen aus Zeitungen, Gesetzgebungsverfahren und BFH-Urteilen gesammelt haben. Jeder Teilnehmer bereitet ein entsprechendes Thema vor. Anschließend trägt der Erste vor. Drei Teilnehmer sollten es mindestens sein, damit der Vortragende von zwei Seiten kontrolliert werden kann. So sollte ein Nichtvortragender auf den Inhalt achten. Der andere achtet auf Vortragsstil, Haltung, Mimik, Gestik und rhetorische Mittel. Für eine gute Rede ist die Haltung, Körpersprache, Mimik und Stimme mindestens genauso wichtig wie der Inhalt.

Denn eine mündliche Prüfung dient in erster Linie dazu, dass die Prüfer einen persönlichen Eindruck von dem Prüfungsteilnehmer erhalten.

3.5 Vorbereitung in der Gruppe

| Stand | Blickkontakt | Gestik | Mimik | flüssiger Vortragsstil |

Abb. 3.3 Vorbereitung in der Gruppe

Dabei ist der Vortrag eine große Chance, ein gutes Bild von sich abzugeben. Denn in diesem Vortrag ist der Prüfling allein mit den Prüfern und der Prüfling kann sich ohne (direkte) Vergleichsmöglichkeit präsentieren. Deshalb ist dabei vor allem wichtig, dass Blickkontakt mit dem Publikum (= den Prüfern) gehalten wird. Dabei sollte der Blick gleichmäßig schweifen. Auch ist eine Simulation sinnvoll, dass ein Prüfer desinteressiert scheint oder sich Notizen macht. Hiervon sollte sich der Vortragende nicht beeindrucken lassen und weiter alle Prüfer gleichmäßig oft anschauen.

Der Haltung ist Aufmerksamkeit zu schenken. Ist der Stand fest? Schwankt der Teilnehmer nicht von einem Bein auf das andere? Benutzt er unterstreichende Gesten?
Hier einige Tipps für einen gelungenen Vortrag:

- Stand
  Stehen Sie gerade und fest auf beiden Beinen. Belasten Sie nicht nur ein Bein und schwanken Sie nicht von einem auf das andere Bein.
- Blickkontakt
  Lassen Sie den Blick schweifen. Jeder Prüfer möchte gern angeschaut werden. Lassen Sie sich nicht von Prüfern beeindrucken, die abwesend, uninteressiert oder in ihre Unterlagen vertieft sind. Es gibt Menschen, die bereiten vielleicht Ihre Fragen vor, während Sie Ihren Vortrag halten. Schenken Sie auch Ihnen ab und zu einen Blick. Im Idealfall könne Sie sogar auch solche Prüfer fesseln und Interesse für Ihren Vortrag wecken.
- Gestik
  Setzen Sie dezent unterstreichende Gesten ein.
  Halten Sie Ihre Karteikarten locker mit beiden Händen. Lösen Sie die Hand an passenden Stellen, machen Sie eine unterstreichende Geste. Ruhige und flüssige Bewegungen unterstützen das Gesagte am besten. Das kann z. B. eine aus- bzw. einladende Handbewegung sein. Bei einer Aufzählung bietet sich an, die Zahlen 1, 2 und 3 mit den Fingern mitzuzählen.
  Grundsätzlich gilt: Zeigen Sie Ihre Hände. Verstecken Sie die Hände niemals in den Hosentaschen. Auch nicht eine.
- Mimik
  Machen Sie ein freundliches Gesicht. Suchen Sie sich bei den Prüfern ein freundliches Gesicht. Lächeln Sie dezent. Wahrscheinlich ernten Sie ein aufmunterndes Lächeln.
- flüssiger Vortragsstil
  „Ehms", „ähs" oder ähnliche Füllwörter werden unbewusst während der Rede eingefügt. Boris Becker bei einem früheren Interview ist ein gutes Beispiel für dieses Phänomen. Diese kleinen Unterbrechungen sind schwer abzustellen, wenn man alleine übt. Meist

werden sie gar nicht bemerkt. Hier hilft das Vortragen vor einer Gruppe. Die Gruppe sollte ein Klatschen vereinbaren, wenn jemand diese Füllwörter verwendet. Dadurch wird es dem Vortragenden bewusst. Anstatt einem Füllwort sollte eine kleine Pause gemacht werden. Das wird von den Zuhörern nicht bemerkt, im Gegenteil: eine kleine Pause, hier und da in den Vortrag gestreut, hebt die Spannung und wirkt sehr belebend auf Ihren Vortrag.

Checkliste für eine flüssige Rede

	gut				schlecht	
Note:	1	2	3	4	5	6
fester Stand	O	O	O	O	O	O
gleichmäßig schweifender Blickkontakt	O	O	O	O	O	O
dezent unterstreichende Gestik	O	O	O	O	O	O
Redegeschwindigkeit langsam	O	O	O	O	O	O
keine „ähs", „ehms"	O	O	O	O	O	O
Aussprache deutlich und verständlich	O	O	O	O	O	O
Aussprachelaut	O	O	O	O	O	O
Pausen machen	O	O	O	O	O	O
Rhetorische Mittel	O	O	O	O	O	O
Gesamtnote:						

3.6 Mündlicher Vortrag ohne Konzept

Mit Hilfe der Routenmethode[4] ist es möglich, den mündlichen Vortrag ohne Konzept zu halten. Dies war schon in der Antike eine weit verbreitete Technik. In Griechenland legten Redner wie Sokrates, Platon und Aristoteles ihre Stichwörter an den Säulen der Tempel ab. So konnten sie völlig freie Reden halten und Zuschauer fesseln.

Für den mündlichen Vortrag in der Steuerberaterprüfung lässt sich diese Methode ebenso anwenden. Dazu wird der Vortrag in einzelne Schlagwörter strukturiert.
Für diese Schlagwörter werden gedankliche Bilder erzeugt.

Dabei ist es wieder wichtig, dass möglichst viel Fantasie eingesetzt wird. Diese erzeugten Bilder werden anschließend auf der Route abgelegt. Um eine sichere Verknüpfung der einzelnen Schlagwörter zu erzeugen, kann die Routenmethode mit der Geschichtentechnik kombiniert werden. Dazu wird das Schlagwort aus dem vorigen Routenpunkt in das Bild des aktuellen Routenpunktes mit aufgenommen. Auf diese Weise wird eine fortlaufende Geschichte in einem Raum erzeugt.

Das Konzept befindet sich nun im Kopf. Ein freier Vortrag kann gehalten werden. Auch auf die anschließend folgende Fragerunde, die manchmal mit Fragen zu dem Vortragsthema beginnt, sind Sie so bestens vorbereitet.

---

[4] Vgl. Abschn. 1.4.

▸ **Hinweis: Konzept in Hand behalten** Auch wenn Sie Ihren Vortrag komplett memoriert haben, nehmen Sie das Konzept mit in den mündlichen Vortrag. Zum einen gibt Ihnen das Konzept zusätzliche Sicherheit, zum anderen könnte es überheblich wirken, den Vortag völlig ohne Konzept in der Hand zu halten.

3.7 Buch der Prüfungserfolge

Das Durchhaltevermögen aufrecht zu halten, ist bei der Vorbereitung zur Steuerberaterprüfung mitunter sehr schwierig. Probeklausuren werden mit den Schulnoten vier, fünf oder sogar sechs benotet. Da lässt die Motivation schnell nach. Vor allem weil Negatives zehn-mal stärker vom Bewusstsein aufgenommen wird als Positives, ist es wichtig hier gegenzusteuern.

Ich empfehle hierzu ein sogenanntes Buch der Prüfungserfolge[5]. Notieren Sie alle – auch nur kleine – Erfolge schriftlich. Das Aufschreiben verstärkt den Bezug zum Positiven. So wird wirksam gegen die ständigen negativen Einflüsse gearbeitet. Selbst aus anfangs negativen erscheinenden Umständen (wie z. B. einer schlechten Benotung) lassen sich positive Dinge herausfiltern (wie z. B. das korrekte Lösen einer speziellen Teilaufgabe, die sonst immer falsch gelöst wurde). Wichtig ist das schriftliche Erfassen der Erfolge. Sollten Zweifel bestehen, ob es sich wirklich um einen Erfolg handelt, so notieren Sie es trotzdem.

Sollte sich trotzdem mal eine Durchhängephase einstellen, so wirkt ein Lesen im Buch der Prüfungserfolge dagegen. Denn es beweist, was schon alles geleistet wurde.
So lässt sich das Durchhaltevermögen trainieren und stabilisieren.

Ein weiterer Effekt ist ein verbessertes Selbstvertrauen, das vor allem für die mündliche Prüfung sehr von Vorteil ist.

▸ **Hinweis: Nacharbeiten der Klausuren** Arbeiten Sie die Probe-Klausuren nach und suchen Sie nach den positiven Erfolgen. Auch das Lernen aus Fehlern ist ein Erfolg. Notieren Sie sich diese Erfolge im Buch der Prüfungserfolge.

3.8 Entspannungs- und Konzentrationsübung

Kleine erholsame Unterbrechungen rauben keine Zeit, sie sind ein Zeitgewinn. Nach einer Pause läuft die Arbeit wesentlich schneller und effektiver als noch zuvor. Dabei reicht meist schon eine kleine Unterbrechung von fünf bis zehn Minuten. Immer wenn Sie denken, sich jetzt keine Pause leisten zu können, benötigen Sie eine.

Wir brauchen ausreichende Perioden der Ruhe. Wenn der Stress bzw. die Hektik Sie zu überfordern droht, so schließen Sie die Augen und denken Sie an nichts, hören Sie entspannende Musik dazu oder gehen Sie ein paar Minuten an der frischen Luft spazieren. Denn in

---
[5] Mehr zu Erfolgsjournalen für alle Lebenslagen erfahren Sie aus Büchern von Bodo Schäfer (www.bodoschaefer.de).

der Ruhe liegt die Kraft. Nutzen Sie Pausen für eine Entspannungs- und Konzentrationsübung. Die Entspannungs- und Konzentrationsübung ist die Urform der Konzentration. Dafür werden alle Gedanken aus dem Kopf entfernt und nur an ein einziges Wort, das sog. Mantra, gedacht. Ein einfaches Wort ohne Bedeutung, z. B. das berühmte „ohm", wird immer wieder still aufgesagt. Dies hat eine beruhigende Wirkung. In einem ruhigem Zustand ist eine wesentlich höhere Konzentration möglich als in einem gestressten Zustand. Damit keine abschweifenden Gedanken aufkommen und die Konzentration bei dem Wort bleibt, bietet sich als Hilfe das mentale Durchgehen der Finger an. Dabei sollte nicht gezählt werden. Die Vorstellung der Finger dient nur zum Überprüfen der Konzentration. Bei Nichtwissen des Folgefingers sind zu viele abweichende Gedanken aufgekommen. Sind alle Finger aufgerufen worden, wird dies durch zweimaliges Aufrufen eines Fingers bestätigt und danach wieder von vorne angefangen.

Beispiel 3.2: Entspannungsübung

Sind alle zehn Finger einmal durchgezählt, wird dies durch zweimaliges Aufrufen des Daumens bestätigt. Nun wird mit einmaligem Aufrufen der Finger fortgefahren. Danach wird der Zeigefinger zweimal bestätigt und mit einmaligem Aufrufen der Finger fortgefahren. Alles geschieht nur mental. Die Finger werden nicht bewegt.

Um diese absolute Konzentration auch in der Prüfung zu nutzen, wird kurz vor der Prüfung zwei Minuten die Entspannungs- und Konzentrationsübung ausgeführt. Danach sind Körper und Geist entspannt, aufnahmefähig und konzentriert. Die Prüfung kann beginnen.

Mehr zu Entspannungs- und Konzentrationsübungen zur Konzentrationssteigerung erfahren Sie auf Seminaren von Jonas Ritter[6].

---

[6] Informationen unter www.ritterspeedreading.de.

Schnelllesen

Jonas Ritter

4.1 Erhöhung des Textverständnisses

4.1.1 Gesteigerte Konzentration

Die Qualität des Textverständnisses eines Lesers hängt in erster Linie von seinem Konzentrationsgrad ab. Je höher die Konzentration des Lesers, desto höher ist das Textverständnis. In diesem Punkt zeigt die Neurowissenschaft anhand klarer Zahlen, dass der Durchschnittsleser weit hinter seinem Potential zurücksteht. Die meisten Menschen lesen in etwa genauso schnell wie sie sprechen, was rund 200 Worten pro Minute entspricht. Die durchschnittliche Denkgeschwindigkeit liegt jedoch dreimal so hoch bei etwa 600 Worten pro Minute. Das lässt sich im Alltag leicht nachvollziehen. Nahezu jeder kennt die Situation, in der ihm plötzlich eine Idee kommt, die er gerne jemand anderem schriftlich oder mündlich mitteilen möchte. Anschließend stellt er jedoch fest, dass es viel länger dauert, die Idee in Worten auszudrücken als sie lediglich zu denken. Oftmals hat der Sprecher während des Ausdrückens eines Satzes schon die nächsten fünf Sätze im Kopf. Wenn ein Leser daher lediglich mit einer durchschnittlichen Geschwindigkeit von 200 Worten pro Minute lesen kann, bedeutet dies gleichsam, dass er nur ein Drittel seiner Konzentrationsbandbreite nutzt.

Zwei Drittel seiner Aufmerksamkeit gehen jede einzelne Sekunde an ablenkende Gedankenimpulse oder Sinneseindrücke verloren. Die Neurologie bestätigt dies. Im Wachbewusstsein verarbeitet das menschliche Gehirn bewusst rund 126 Bits pro Sekunde. Ein Bit entspricht hier einer neurologischen Informationseinheit und hängt mit dem Energieverbrauch der neuronalen Datenübertragung zusammen. Die Informationsdichte, welche einem Bit entspricht, ist individuell verschieden. Es kann jedoch davon ausgegangen werden, dass fast jeder Mensch ca. 126 Bits pro Sekunde verarbeitet. Beim durchschnittlichen Lesen werden allerdings nur rund 40 Bits pro Sekunde verarbeitet.[1]

---
[1] Mihaly Csikszentmihalyi, „Flow – the psychology of Optimal Experience", S. 48.

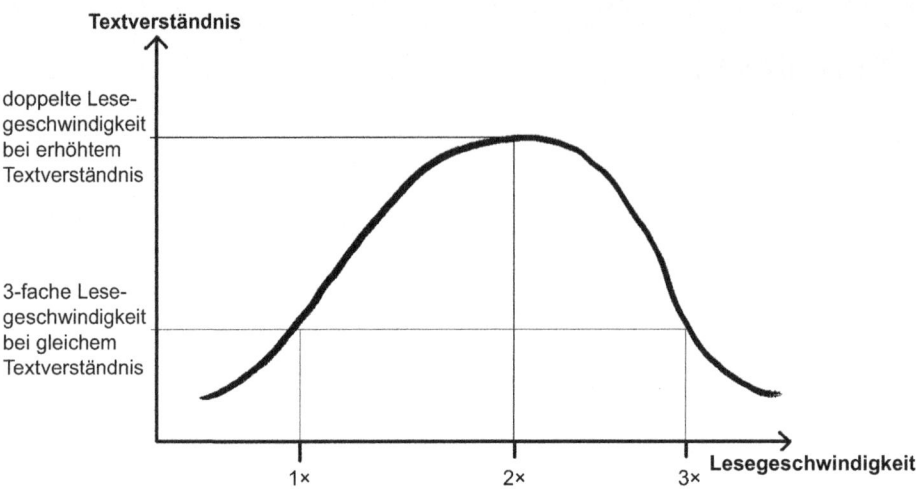

Abb. 4.1 Erhöhung Textverständnis durch höhere Lesegeschwindigkeit (Jonas Ritter)

Somit besteht die beste Methode seine Konzentration beim Lesen zu erhöhen darin, die Lesegeschwindigkeit systematisch zu erhöhen. Dies erfordert selbstverständlich ein angemessenes Training. Genauso wie bei einer erhöhten Fahrgeschwindigkeit die Konzentration und der Wachheitsgrad des Autofahrers erheblich steigen, so erhöhen sich bei einer gezielten Lesebeschleunigung auch der Aufmerksamkeitsgrad und die Konzentration des Lesers. Durch die erhöhte Konzentration wiederum steigt in Folge auch das Textverständnis.

4.1.2 Fokus auf das Wesentliche

Wenn Textaussagen geübter Schnellleser mit Aussagen durchschnittlicher Leser verglichen werden, wird in den meisten Fällen ein deutlicher Unterschied in der Wiedergabe festgestellt. Geübte Schnellleser sind oft in der Lage die wesentlichen Kernaussagen eines Textes deutlich besser wiederzugeben als langsame Leser. Der Grund hierfür liegt darin, dass langsame Leser den sprichwörtlichen Wald vor lauter Bäumen nicht mehr sehen. Ein zögernder Leser verliert sich leicht in Einzelheiten. Durch Unmengen von Detailangaben wie Zahlen, Namen, Fachbegriffe, Zitate und Querverweise büßt er den Blick auf das Wesentliche ein. Die Baumrinde, die Moose und die Pilze können zwar, um bei der Metapher des Waldes zu bleiben, am besten vor Ort inmitten des Waldes analysiert werden. Wenn allerdings die Form des Waldes erkannt, sowie eine klare Abgrenzung von Nadel-, Misch- und Laubwaldvorkommen vorgenommen werden soll, dann ist die langsame Walddurchwanderung der falsche Ansatz. Dieses Ziel wird am besten aus der Luftperspektive erfüllt.

Der Luftperspektive entspricht in diesem Fall das überdurchschnittlich schnelle Lesen. Hier werden die Einzelheiten zwar auch noch aufgenommen, der Leser hält sich allerdings nicht mehr an ihnen fest, sondern konzentriert sich auf die wichtigsten Quintessenzen des Textes. Auf diese Weise erkennt der schnelle Leser deutlich besser, auf welche Punkte es im Text tatsächlich ankommt. Handelt es sich bei den zu lesenden Texten um äußerst detailreiche Texte, bei denen keine einzige Einzelheit unterschlagen werden darf und alles sehr genau aufgenommen werden muss, so bietet das Schnelllesen eine sehr vorteilhafte Herangehensweise. Gerade bei solchen Texten ist es umso wichtiger einen guten Überblick zu behalten. In diesen Fällen wird folgendermaßen vorgegangen: Zunächst wird ein geeigneter Sinnabschnitt gewählt. Je nach Komplexität des Textes kann es sich dabei etwa um eine Seite oder nur um einen einzelnen Absatz handeln. Anschließend wird dieser Textteil mittels der Schnelllese-Technik einmal als Ganzes erfasst. Hierdurch werden die Kernaussagen bereits erfasst, ein guter Überblick gewonnen und die Querverbindungen der einzelnen Sinneinheiten erkannt. Erst im zweiten Durchgang wird der Abschnitt nochmals in einem etwas langsameren Tempo auf Details hin überprüft. Mit dieser Vorgehensweise wird ein Vielfaches mehr erreicht. Erstens treten durch die Nutzung des Schnelllesens alle damit verbundenen und in diesem Kapitel vorgestellten Vorteile ein. Dazu gehören eine stark erhöhte Konzentration, die bessere Nutzung des Ultrakurzzeitgedächtnisses, verbesserte Kognition und die Aktivierung des Kontrastreizes. Zweitens können im zweiten Lesedurchgang auch die Details viel besser verarbeitet werden, da sie zum einen schon vorab aufgenommen wurden und zum anderen leichter in Bezug zum Gesamtkontext gebracht werden können. Drittens geht der gesamte Vorgang paradoxerweise schneller als wenn der Text nur einmal Wort für Wort durchgearbeitet wird. Der Grund liegt darin, dass durch den Schnell-Durchgang der zweite Lesevorgang nur noch 50 % der sonst üblichen Zeit in Anspruch nimmt. Da der erste Durchgang nur etwa 30 % der Zeit dauert, erzielt der Leser bei hochkomplexen Texten nicht nur ein deutliches besseres Textverständnis, sondern spart sich am Ende sogar 20 % seiner Zeit. Diese Extrazeit kann dann wiederum für die Aktivierung der in Kap. 1 von Christiane Stenger vorgestellten Gedächtnistechniken genutzt werden. Auf diese Weise ist eine herausragende Prüfungsvorbereitung gewährleistet.

4.1.3 Bessere Nutzung des Ultrakurzzeitgedächtnisses

Zusätzlich zu einer verbesserten Konzentration auf das Wesentliche besitzen trainierte Schnellleser in der Regel auch ein allgemein höheres Textverständnis. Ein weiterer Grund für diese Gegebenheit liegt in der besseren Nutzung des Ultrakurzzeitgedächtnisses (UKZ). Das UKZ nimmt über die verschiedenen Sinne kommende Informationen auf und behält diese eine bis zwei Sekunden lang vollständig gespeichert. Aus diesem Grund wird das UKZ auch sensorisches Gedächtnis genannt. Ohne diese Gehirnfunktion wäre das menschliche Überleben stark gefährdet. Durch das sensorische Gedächtnis können bei einer Straßenüberquerung sowohl beteiligte Radfahrer, Fußgänger, Autos und deren Geschwindigkeiten, die eigene vorangegangene Bewegung und viele weitere Informationen gleichzeitig beachtet werden. Darüber hinaus ermöglicht das UKZ dem Menschen, aufgenommene Informationen sinnvoll zu verarbeiten. Hierbei operiert das sensorische Gedächtnis auf rein elektrischer Basis, es finden also keine chemischen Veränderungen im Gehirn statt. Eine im sensorischen Speicher befindliche Information kann daher nicht mehr wiederholt werden. Nur die aller wichtigsten Informationen, welche einen äußerst geringen Teil ausmachen, gehen darüber hinaus ins Kurzzeitgedächtnis über.

Dies ist der Grund, weshalb die Höhe des Textverständnisses in direktem Zusammenhang mit der jeweiligen Lesegeschwindigkeit steht. Zur Demonstration dient folgende Definition: „Die Gesamtsteuerbelastung der Limited mit Körperschaftsteuer und Gewerbesteuer beträgt – abhängig vom Gewerbesteuerhebesatz der jeweiligen Gemeinde – rd. 38,65 %".[2] Ein durchschnittlicher Leser braucht für diesen Satz etwa 4 Sekunden. Das bedeutet, dass dem Ultrakurzzeitgedächtnis noch bevor der Satz zu Ende gelesen wurde, die erste Satzhälfte bereits größtenteils wieder entfallen ist. Zwar kann der Satz auf diese Weise dennoch verstanden werden, allerdings sind dafür bereits kurze Satzteilwiederholungen in Form von Rücksprüngen notwendig. Bei einem einmaligen Lesen werden viele Leser bereits leichte Verständnislücken aufweisen. Ein geübter Schnellleser hingegen hat den Satz in 1–2 Sekunden komplett gelesen. Der Satz befindet sich daher zumindest für kurze Zeit vollständig und als Ganzes im UKZ. Auf diese Weise kann das Gehirn die Aussage sofort in eine bedeutsame Sinneinheit umwandeln und anschließend als solche im Kurzzeitgedächtnis abspeichern. Das allgemeine Textverständnis ist dadurch erheblich besser.

4.1.4 Bessere Nutzung des Kurz- und Langzeitgedächtnisses

Ein erheblicher Unterschied im Textverständnis eines langsamen Lesers und eines trainierten schnellen Lesers wird vor allem bei einer langfristigen Befragung erkannt. Besteht die Aufgabe darin, ein vollständiges Buch zu lesen, so hat der Schnellleser nach Beenden des Leseprozesses normalerweise ein deutlich besseres Verständnis. Der Grund hierfür liegt in der besseren Nutzung des Kurz- und Langzeitgedächtnisses. Wird ein vom UKZ aufgenommenes Informationspaket verstanden und als sinnvoll betrachtet, so bleiben die hierdurch entstandenen elektrischen Impulse in Bewegung. Diese sich wiederholenden, bestimmten Bahnen folgenden Bewegungen hinterlassen ganz bestimmte molekulare und chemische Spuren im Gehirn. Sie bilden das Kurzzeitgedächtnis. Werden die synaptischen Verbindungen hierdurch neu strukturiert, befinden sich die Informationen anschließend im sog. Langzeitgedächtnis.

Eine genaue Speicherdauer kann hier nicht genannt werden. Es kann allerdings davon ausgegangen werden, dass bei einem konzentrierten Lesedurchgang die wichtigsten Essenzen mehrere Stunden bis einige Tage präsent bleiben. Für den Schnellleser ist diese Zeitspanne ideal. Der Durchschnittsleser steht hier jedoch einem Problem gegenüber.

---

[2] Die Limited, xy, Gabler Verlag – Autor unbekannt.

Da oftmals Wochen vergehen, bevor ein Buch tatsächlich beendet wird, hat der Leser große Teile des Textes bereits wieder vergessen. Er kann somit die einzelnen Aussagen nur unzureichend in Bezug zueinander setzen und leidet deshalb häufig an einem mangelnden Gesamtverständnis. Ein schneller Leser hingegen hat das Buch in der Regel innerhalb einiger Stunden oder Tage beendet. Infolgedessen hat er alle wesentlichen Aussagen noch gleichzeitig in nahezu vollständiger Form im Gedächtnis und kann diese ausgezeichnet in Bezug zueinander setzen. Sein Gesamtverständnis ist entsprechend hoch.

4.1.5 Verbesserte Kognition durch emotionale Hochstimmung

Natürlich spielt auch die jeweilige Intelligenz eine gewisse Rolle bei der Textverarbeitung. Um ein Vielfaches wichtiger jedoch als die Intelligenz ist die allgemeine Kognition. Unter dem Begriff Kognition werden dabei unter anderem alle Vorgänge des Gehirns bezüglich der Verarbeitung von Informationen, sowie sämtliche Denkprozesse zusammengefasst. Hierzu gehören Konzentration, Reaktionsgeschwindigkeit, Verarbeitungsgeschwindigkeit, Gedächtnisstärke, Kreativität, problemlösendes Denken und zusammenhangorientiertes Vernetzen von Daten. Die Kognitionsqualität kann dabei bei jedem Menschen stark variieren und hängt weitgehend vom jeweiligen emotionalen Zustand ab. Dies erklärt auch, weshalb viele Menschen in manchen Emotionslagen intellektuelle Höchstleistungen vollbringen können, während sie in einer anderen Stimmung dazu völlig unfähig sind. Auch wenn dies umgekehrt nicht zwingend gelten muss, so kann durchaus behauptet werden, dass eine emotionale Hochstimmung auch mit einer herausragenden Kognitionsleistung einhergeht.

Die Gründe hierfür liegen hauptsächlich in einer optimalen Ausschüttung kognitionsverbessernder Neurotransmitter. Hierbei handelt es sich um gehirneigene Botenstoffe, welche eine wichtige Rolle in Bezug auf die Kognition einnehmen. Einige wichtige Neurotransmitter sind beispielsweise Acetylcholin, Dopamin, Endorphin, Glutamat, Noradrenalin und Serotonin, welche allesamt wesentlich für Konzentration, Gedächtnis, Kreativität und Denkgeschwindigkeit bzw. den gesamten Kognitionsprozess sind. Eine im Jahr 2006 durchgeführte Studie der Wissenschaftler Daniel Wegner von der Harvard Universität und Emily Pronin von der Princeton Universität hat hierzu experimentell belegt, dass eine überdurchschnittlich hohe Lesegeschwindigkeit maßgeblich dazu beiträgt, diese für den Kognitionsprozess so wichtige emotionale Hochstimmung zu erzeugen. In der genannten Studie unterteilten die Psychologen 144 Probanden in vier Gruppen. Anschließend mussten die Teilnehmer auf einem Bildschirm erscheinende Texte vorlesen. Bei zwei der Gruppen erschienen die Texte dabei so schnell, dass sie gezwungen waren doppelt so schnell wie gewöhnlich zu lesen. Die anderen beiden Gruppen konnten dabei nur halb so langsam wie der allgemeine Leserdurchschnitt lesen. In einer anschließenden Befragung stellte sich eine klare Tendenz heraus. Die schnellen Leser fühlten sich laut eigenen Angaben deutlich besser, fröhlicher, enthusiastischer und wacher als die langsamen Leser. Darüber hinaus gaben sie an, sich spürbar kreativer und konzentrierter zu fühlen.[3] Dieses Ergebnis konnte in der Seminarpraxis mehrfach bestätigt werden.

4.2 Erhöhung der Texterinnerung

4.2.1 Erhöhtes Verständnis führt zu erhöhter Erinnerung

Je bedeutsamer eine Informationseinheit erscheint, mit desto größerer Wahrscheinlichkeit wird diese Informationseinheit im Gehirn abgespeichert. Die erinnerbare Informationsmenge sowie die Erinnerungsdauer hängen also in erster Linie von der Bedeutsamkeit der Informationen ab. Andererseits gilt: Je besser ein Text verstanden wird, desto mehr Sinn kann daraus entnommen werden und je mehr Sinn einem Text entnommen wird, umso größer wird die Bedeutsamkeit, die das Gehirn den aufgenommenen Informationen beimisst. Eine Erhöhung des Textverständnisses führt daher automatisch gleichsam auch zu einer Erhöhung der Texterinnerung. Da durch gezieltes, hochkonzentriertes Schnelllesen das Verständnis des Textes zunimmt, hat der trainierte Schnellleser folglich auch eine messbar höhere Erinnerung an das Gelesene.

4.2.2 Emotionaler Zustand

Wie bereits in Abschn. 4.1.5 beschrieben, beeinflusst der emotionale Zustand eines Menschen auch seine jeweilige Gedächtnisstärke. Werden Informationen in intensiven Emotionslagen aufgenommen, bleiben diese deutlich besser im Gedächtnis haften. Wie bereits oben erläutert, trägt das Schnelllesen maßgeblich dazu bei, einen optimalen Emotionszustand zu erzeugen und somit auch maximale Erinnerung an das Gelesene zu ermöglichen.

4.2.3 Kontrast

In Abschn. 4.1.2 wurde bereits erläutert, weshalb ein geübter Schnellleser besser in der Lage ist, die Kernaussagen eines Textes zu erfassen. Der Grund hierfür liegt in der besseren Übersicht. Zusätzlich zeigt die Praxis, dass dieses schnelle Übersichtslesen gleichzeitig paradoxerweise auch die Erinnerung an die wichtigsten Details erhöht. Ausschlaggebend dafür ist der durch das Schnelllesen entstehende Kontrast. Eines der wichtigsten Kriterien bezüglich der Erinnerung an eine bestimmte Information ist sicherlich der Kontrast. Versucht sich ein Maler mitten im Wald die Form eines Baumes einzuprägen, so wird er wahrscheinlich kläglich versagen. Sieht er jedoch den gleichen Baum inmitten einer kahlen

---

[3] Vgl. „Manic Thinking. Independent Effects of Thought Speed and Thought Content on Mood" von Emily Pronin und Daniel M. Wegner – Psychological Science Bd. 17, S. 807.

Wüste, so prägt er sich den Baum ein, ob er möchte oder nicht. Gleiches gilt für geschriebene Informationen.

Das größte Problem des langsamen Lesers besteht darin, dass er nahezu alle Informationen in der gleichen Geschwindigkeit aufnimmt. Es entsteht also kein geschwindigkeitsbedingter Kontrast. Im Grunde wird jede Information gleichwertig aufgenommen. Die Wahrscheinlichkeit, die wesentlichsten Einzelheiten im Gedächtnis zu behalten sinkt daher deutlich. Ein trainierter Schnellleser hingegen geht hier anders vor. Den Großteil des Textes wird er doppelt bis dreimal so schnell lesen wie der Durchschnitt. Nur bei wichtigen Einzelheiten oder Details wird er kurz anhalten und diese unterstreichen, markieren oder evtl. sogar kurz herausschreiben. Durch den abrupten Wechsel der Aufnahmegeschwindigkeit entsteht für das Gehirn dabei ein starker Kontrast. Auf diese Weise bleiben wesentliche Einzelheiten, wie Zahlen, Namen, Daten, Fakten und Begriffe deutlich besser im Gedächtnis haften.

4.2.4 Kombination mit Gedächtnistechniken

Das Schnelllesen kann hervorragend mit den im vorangegangenen Teil vorgestellten Gedächtnistechniken kombiniert werden. Dabei wird die Hälfte der zur Verfügung stehenden Lernzeit verwendet um zunächst in kurzer Zeit so viel wie möglich durchzulesen. Wichtige Textpunkte, die wahrscheinlich nicht von selbst in Erinnerung bleiben würden, werden währenddessen blitzschnell mit einem „M" versehen („M" steht für „Memorieren" oder „Merken"). In der zweiten Hälfte der aufgewendeten Zeit geht der Leser schnell zurück im Text und überblickt nochmals alle mit einem „M" markierten Stellen. Dabei werden zunächst alle Stellen gestrichen, die inzwischen unwesentlich erscheinen oder jetzt, nach dem Lesen des gesamten Textes, wahrscheinlich sowieso in Erinnerung bleiben würden. Alle anderen Stellen werden dann so schnell wie möglich mittels der aus dem Kap. 1 bekannten Gedächtnistechniken abgespeichert. Dabei ist zu beachten, nicht in Perfektionismus zu verfallen und auch den Abspeicherungsprozess so schnell wie möglich durchzugehen. Es ist besser, vor der Prüfung die Zeit zu haben, den Text nochmals wiederholen zu können und die Erinnerungen dann zu festigen, als sich am Anfang zu lange mit einzelnen Textblöcken aufzuhalten. Auf diese Weise sind die beste Prüfungsvorbereitung und ein maximaler Wissensstand gesichert.

4.3 Test der Ausgangsgeschwindigkeit

4.3.1 Voraussetzungen für den Erfolg

Alle oben genannten Vorteile des Schnelllesens bezüglich einer Verständnis- und Erinnerungserweiterung gelten selbstverständlich nur für den trainierten Schnellleser. Allein der

Beschluss schneller zu lesen reicht nicht aus. Wer ohne professionelles Training seine Lesegeschwindigkeit erhöht, erfährt meistens vielmehr einen Verlust an Textverständnis.

Voraussetzungen für den Erfolg sind spezifische motorische und konzentrative Fertigkeiten, die es sich in einem strukturierten Trainingsprogramm anzueignen gilt. Um die hierbei erreichten Fortschritte messen zu können, ist es notwendig zu Beginn die Ausgangsgeschwindigkeit zu testen.

4.3.2 Testanleitung

Um aussagekräftige Steigerungsergebnisse zu erhalten, ist es erforderlich zusätzlich zur Lesegeschwindigkeit sowohl das Textverständnis, als auch den Erinnerungsgrad zu testen.

Fragen mit Textantworten eignen sich hierfür beim Selbsttest nicht, da eine objektive Kontrolle aus subjektiver Sicht nicht möglich ist. Das Multiple-Choice-Verfahren liefert andererseits wiederum verzerrte Ergebnisse, da der Schnellleser hier durch gezieltes Raten außergewöhnliche Erfolge erzielen kann. Stattdessen wird eine Testform gewählt, welche das Erraten richtiger Antworten völlig unmöglich macht. Bei der folgenden Vorgehensweise wird ausschließlich Wissen bewertet, welches sich eindeutig und unmissverständlich in aktiver Erinnerung befand. Auf diese Weise werden präzise und aussagekräftige Testergebnisse erzielt. Nur so lässt sich der Fortschritt befriedigend messen. Es wird folgendermaßen vorgegangen: Zunächst wird der entsprechende Test-Text einmal komplett durchgelesen. Anschließend wird der Text verdeckt und alle noch in Erinnerung verbliebenen Textpunkte werden auf einem Blatt Papier festgehalten. Hierzu gehören sowohl Detailangaben wie Zahlen, Namen, Fakten als auch Kernaussagen, Zusammenhänge und Schlussfolgerungen. Eine stichwortartige Darstellung reicht dabei vollkommen aus. Im Anschluss werden anhand des unter Abschn. 4.3.4 befindlichen Auswertungsbogens die Punkte verglichen. Für jede genannte Inhaltseinheit, die sich auf dem Auswertungsbogen befindet, gibt es eine vorgegebene Punktzahl. Aus der Gesamtsumme aller erreichten Punkte ergeben sich das jeweilige Textverständnis sowie der Erinnerungsgrad. Die genaue Vorgehensweise der Auswertung erklärt sich jedoch von selbst, sobald mit dieser begonnen wird. Es findet sich hier zusätzlich eine weitere Anleitung auf dem Auswertungsbogen. Zunächst wird jedoch empfohlen einfach mit dem Test zu beginnen, den Text einmal durchzulesen und anschließend stichwortartig, ohne nochmals in den Text zu schauen, alle in Erinnerung verbliebenen Punkte schriftlich festzuhalten. Vor Beginn wird lediglich eine Stoppuhrfunktion (siehe Handy, PC oder Digitaluhr) oder eine vergleichbare Uhr mit Minuten und Sekundenanzeige benötigt, mit deren Hilfe zu Beginn die Zeit auf die Sekunde genau festhalten wird. Es ist essentiell, dass die Lesezeit auf die Sekunde genau festgehalten wird.

Der Test-Text beginnt hinter diesem Abschnitt nach dem fettgedruckten Wort **START** und endet auf der übernächsten Seite exakt an dem fettgedruckten Wort **ENDE**. Sobald das Wort **ENDE** erreicht ist, wird die Zeit gestoppt und auf der darauf folgenden Seite in das entsprechende Feld eingetragen. Anschließend werden alle memorierten Informationen stichwortartig notiert.

4.3 Test der Ausgangsgeschwindigkeit

Zuletzt soll noch eine Anmerkung gemacht werden: Für aussagekräftige Messungen der späteren Fortschritte ist es zu Beginn notwendig, die reale Anfangsgeschwindigkeit zu ermitteln. Es wird daher empfohlen weder schneller noch langsamer zu lesen als sonst, sondern sich im gewöhnlichen und vertrauten Lesegang zu bewegen.

4.3.3 Übungstext – Gewinnabführungsvertrag bei Körperschaftsteuer-Organschaft

START

Zur Vermeidung einer doppelten Besteuerung ist ein Gewinnabführungsvertrag abzuschließen. Dieser Vertrag ist, wenn die Organgesellschaft eine GmbH ist, zivilrechtlich nur wirksam, wenn die Gesellschafterversammlungen der beherrschten und der herrschenden Gesellschaft dem Vertrag zugestimmt haben und seine Eintragung in das Handelsregister der beherrschten Gesellschaft erfolgt ist. Der Zustimmungsbeschluss der Gesellschafterversammlung der beherrschten Gesellschaft bedarf der notariellen Beurkundung.

Beachtet werden muss, dass entgegen § 41 Abs. 1 Satz 1 AO ein zivilrechtlich nicht wirksamer Gewinnabführungsvertrag steuerlich auch dann unbeachtlich ist, wenn die Vertragsparteien den Vertrag als wirksam behandelt und tatsächlich durchgeführt haben.[4]

Voraussetzung für die steuerrechtliche Anerkennung einer GmbH als Organgesellschaft ist, dass sich diese wirksam verpflichtet, ihren **gesamten Gewinn** an ein anderes Unternehmen i. S. d. § 14 KStG abzuführen und die Gewinnabführung den in § 301 AktG genannten Betrag nicht überschreitet. Nach § 301 AktG kann eine Gesellschaft, gleichgültig welche Vereinbarungen über die Berechnung des abzuführenden Gewinns getroffen worden sind, als ihren Gewinn höchstens den ohne die Gewinnabführung entstehenden Jahresüberschuss, vermindert um einen Verlustvortrag aus dem Vorjahr und um den Betrag, der in die gesetzliche Rücklage einzustellen ist, abführen; sind während der Dauer des Vertrags Beträge in andere Gewinnrücklagen eingestellt worden, so können diese Beträge den anderen Gewinnrücklagen entnommen und als Gewinn abgeführt werden.

Die Verlustübernahme muss ausdrücklich vereinbart werden.[5] Das bedeutet, dass der Gewinnabführungsvertrag eine dem § 302 Abs. 1 und 3 AktG entsprechende Vereinbarung über die Verlustübernahme enthalten muss. Dabei genügt es, dass entweder in dem Vertragstext auf § 302 AktG verwiesen oder der Vertragstext entsprechend dem Inhalt dieser Vorschrift gestaltet wird.

Die Einkommenszurechnung kann erstmals für das Wirtschaftsjahr der Organgesellschaft erfolgen, in dem der Gewinnabführungsvertrag wirksam wird (§ 14 Abs. 1 Satz 2 KStG). Der Gewinnabführungsvertrag muss auf einen Zeitraum von mindestens 5 (Zeit-)Jahren abgeschlossen sein (§ 14 Abs. 1 Nr. 3 Satz 1 KStG). Der Zeitraum beginnt mit

---
[4] BFH 30.07.1997, I R 7/97, BStBl 1998 II, 33.
[5] BFH 17.12.1980, I R 220/78, BStBl 1981 II, 383.

dem Anfang des Wirtschaftsjahres, für das die Rechtsfolgen des § 14 Abs. 1 Satz 1 KStG erstmals eintreten.

Die Organgesellschaft muss sich aufgrund des Gewinnabführungsvertrages verpflichten, ihren gesamten Gewinn an ein anderes gewerbliches Unternehmen abzuführen (§ 14 Abs. 1 Satz 1 KStG). Die Abführung des gesamten Gewinnes setzt hierbei voraus, dass der Jahresabschluss keinen Bilanzgewinn mehr ausweist.

Bei einem lediglich mit der GmbH-Vorgründungsgesellschaft abgeschlossenen Gewinnabführungsvertrag gehen die sich daraus ergebenden Rechte und Pflichten nicht automatisch auf die später gegründete und eingetragene GmbH über.[6]

Gesellschaftsrechtlich ist zwischen der Vorgründungsgesellschaft, der Vorgesellschaft und der eingetragenen Kapitalgesellschaft zu unterscheiden. Als Vorgesellschaft bezeichnet man die errichtete, aber noch nicht eingetragene GmbH (d. h. die GmbH im Gründungsstadium). Die Vorgesellschaft setzt also den Abschluss des notariellen Gesellschaftsvertrages voraus. Die Vorgründungsgesellschaft ist dagegen in der Regel eine Gesellschaft bürgerlichen Rechts, deren Zweck in der gemeinsamen Errichtung einer GmbH besteht. Die Vorgründungsgesellschaft bezieht sich deshalb auf die Zeit vor Abschluss des notariellen Gesellschaftsvertrages. Die Vorgründungsgesellschaft ist weder mit der Vorgesellschaft noch mit der später entstehenden Kapitalgesellschaft identisch. Rechte und Verbindlichkeiten gehen deshalb nicht automatisch von der Vorgründungsgesellschaft mit dem Abschluss des Gesellschaftsvertrages auf die Vorgesellschaft und später mit der Eintragung der Kapitalgesellschaft auf diese über. Sie müssen vielmehr einzeln übertragen bzw. übernommen werden.[7]

Zwar hat der BFH in seiner früheren Rechtsprechung[8] in Anlehnung an die frühere Rechtsprechung des BGH[9] die Vorgründungsgesellschaft als Vorgesellschaft und die Vorgesellschaft als Gründergesellschaft bezeichnet. Die andere Terminologie hat jedoch keinen Einfluss auf die materielle Entscheidung über die Rechtsfrage. Im Übrigen hat der BGH die Terminologie geändert.[10] Es erscheint dem BFH angebracht, die geänderte Terminologie auch für das Körperschaftsteuerrecht zu übernehmen.

Der Durchführung des Gewinnabführungsvertrages steht es nicht entgegen, wenn z. B.[11]

- der an den Organträger abzuführende Gewinn entsprechend dem gesetzlichen Gebot in § 301 AktG durch einen beim Inkrafttreten des Gewinnabführungsvertrages vorhandenen Verlustvortrag gemindert wird. Der Ausgleich vorvertraglicher Verluste durch den Organträger ist steuerrechtlich als Einlage zu werten;

---

[6] BFH 08.11.1989, I R 174/86, BStBl 1990 II, 91.
[7] BGH 13.12.1982, II ZR 282/81, BGHZ 86, 122; 07.05.1984, II ZR 276/83, BGHZ 91, 148; 17.12.1984, II ZR 69/84, GmbHR 1985, 214.
[8] BFH 20.10.1982, I R 118/78, BStBl 1983 II, 247.
[9] BGH 02.05.1966, II ZR 219/63, BGHZ 45, 338.
[10] BGH 07.05.1984, II ZR 276/83, BGHZ 91, 148.
[11] R 60 Abs. 5 KStR.

4.3 Test der Ausgangsgeschwindigkeit

- der ohne die Gewinnabführung entstehende Jahresüberschuss der Organgesellschaft nach § 301 AktG um den Betrag vermindert wird, der nach § 300 AktG in die gesetzliche Rücklage ein-zustellen ist. Zuführungen zur gesetzlichen Rücklage, die die gesetzlich vorgeschriebenen Beträge übersteigen, sind jedoch steuerrechtlich wie die Bildung von Gewinnrücklagen zu beurteilen;
- die Organgesellschaft nach § 14 Abs. 1 Satz 1 Nr. 4 KStG Gewinnrücklagen i. S. d. § 272 Abs. 3 und 4 HGB mit Ausnahme der gesetzlichen Rücklagen, aber einschließlich der Rücklage für eigene Anteile und der satzungsmäßigen Rücklagen (§ 266 Abs. 3 A III HGB) bildet, die bei vernünftiger kaufmännischer Beurteilung wirtschaftlich begründet sind. Die Bildung einer Kapitalrücklage i. S. d. § 272 Abs. 2 Nr. 4 HGB beeinflusst die Höhe der Gewinnabführung nicht und stellt daher keinen Verstoß gegen § 14 Abs. 1 Satz 1 Nr. 4 KStG dar. Für die Bildung der Rücklagen muss ein konkreter Anlass gegeben sein, der es auch aus objektiver unternehmerischer Sicht rechtfertigt, eine Rücklage zu bilden, wie z. B. eine geplante Betriebsverlegung, Werkserneuerung oder Kapazitätserweiterung. Die Beschränkung nach § 14 Abs. 1 Satz 1 Nr. 4 KStG ist nicht auf die Zuführung zum Sonderposten mit Rücklageanteil i. S. d. § 247 Abs. 3 und § 273 HGB, z. B. Rücklagen für Ersatzbeschaffung sowie Rücklagen i. S. d. § 6b EStG, und auf die Bildung stiller Reserven anzuwenden;
- die Organgesellschaft ständig Verluste erwirtschaftet.

Wird ein Gewinnabführungsvertrag, der noch nicht 5 aufeinander folgende Jahre durchgeführt worden ist, durch Kündigung oder im gegenseitigen Einvernehmen beendet, bleibt der Vertrag dennoch für die Jahre, für die er durchgeführt worden ist, steuerrechtlich wirksam, wenn die Beendigung auf einem wichtigen Grund beruht. Ein solcher wichtiger Grund kann insbesondere in der Veräußerung oder Einbringung der Organbeteiligung durch den Organträger, der Verschmelzung, Spaltung oder Liquidation des Organträgers oder der Organgesellschaft gesehen werden. Stand bereits im Zeitpunkt des Vertragsabschlusses fest, dass der Gewinnabführungsvertrag vor Ablauf der ersten 5 Jahre beendet werden wird, ist ein wichtiger Grund nicht anzunehmen. Das gilt wiederum nicht für die Beendigung des Gewinnabführungsvertrages durch Verschmelzung oder aufgrund der Liquidation der Organgesellschaft. Liegt ein wichtiger Grund nicht vor, ist der Gewinnabführungsvertrag von Anfang an als steuerrechtlich unwirksam anzunehmen.

Ist der Gewinnabführungsvertrag bereits mindestens 5 aufeinander folgende Jahre durchgeführt worden, bleibt er für diese Jahre steuerrechtlich wirksam.

Wird der Gewinnabführungsvertrag in einem Jahr nicht durchgeführt, ist er[12]

- von Anfang an als steuerrechtlich unwirksam anzusehen, wenn er noch nicht 5 aufeinander folgende Jahre durchgeführt worden ist;
- erst ab diesem Jahr als steuerrechtlich unwirksam anzusehen, wenn er bereits mindestens 5 aufeinander folgende Jahre durchgeführt worden ist. Soll die körperschaftsteuerrechtliche Organschaft ab einem späteren Jahr wieder anerkannt werden, bedarf es einer

---

[12] R 60 Abs. 8 KStR.

erneuten mindestens fünfjährigen Laufzeit und ununterbrochenen Durchführung des Vertrags.

Ist der Gewinnabführungsvertrag als steuerrechtlich unwirksam anzusehen, ist die Organgesellschaft nach den allgemeinen steuerrechtlichen Vorschriften zur KSt zu veranlagen.
ENDE

4.3.4 Testbogen Übungstext – Gewinnabführungsvertrag

Zeit:
… Min … Sek
memorierter Inhalt:

....
....
....
....
....
....
....
....

erreichte Punktzahl: … von 100 = … % Textverständnis/Texterinnerung
Ihre Lesezeit: … Min. und … Sek. = ……… Sekunden
Lesegeschwindigkeit: 64.260[13] : Lesezeit Sek = ……… Wörter pro Minute (W/M)
                     bei … % Textverständnis/Texterinnerung

Bitte tragen Sie das Ergebnis in die Fortschrittstabelle am Ende des Kapitels ein.

4.3.5 Auswertungsanleitung

Die Auswertung erfolgt ganz einfach. Auf den folgenden Seiten befindet sich ein Auswertungsbogen. Hier sind alle wichtigen Textpunkte aufgeführt und mit welcher Gewichtung sie zum allgemeinen Textverständnis beitragen. Hier werden nun alle Punkte durchgegangen und für jede genannte Inhaltseinheit, die sich auf dem Auswertungsbogen befindet, gibt es die dort vorgegebene Punktzahl. Wurden einzelne Punkte nur teilweise genannt, besteht die Möglichkeit sich die Punkte anteilsmäßig zu geben. Am Ende werden alle

---

[13] 1071 Wörter × 60 Sek. = 64.260.

Punkte zusammengezählt und die Gesamtsumme unter Abschn. 4.3.4 unter Textverständnis/Texterinnerung eingetragen. Die Punktzahl spiegelt gleichzeitig auch das Verständnis und die Erinnerung des Textes als Prozentangabe wieder. Mithilfe der unter Abschn. 4.3.4 befindlichen Formel und einem Taschenrechner kann zusätzlich auch leicht die Lesegeschwindigkeit in Worten pro Minute ermittelt und eingetragen werden.

4.3.6 Auswertungsbogen Übungstext – Gewinnabführungsvertrag

Inhalt in Stichpunkten	Maximale Punktzahl	Erreichte Punktzahl
Gewinnabführungsvertrag zur Vermeidung einer doppelten Besteuerung	10	
Voraussetzungen der zivilrechtlichen Wirksamkeit des Gewinnabführungsvertrages	4	
Zustimmung der Gesellschafterversammlung der beherrschten und der herrschenden Gesellschaft	2	
Eintragung in das Handelsregister der beherrschten Gesellschaft	2	
Notarielle Beurkundung des Zustimmungsbeschlusses der beherrschten Gesellschaft	2	
Steuerrechtlich auch dann unbeachtlich, wenn **als wirksam behandelt und tatsächlich durchgeführt**, entgegen § 41 Abs. 1 S. 1 AO	5	
Verpflichtung, den **gesamten Gewinn** an ein anderes Unternehmen i. S. d. § 14 KStG abzuführen	5	
Gewinnabführung darf **in § 301 AktG genannten Betrag** nicht überschreiten.	5	
Ausdrückliche Vereinbarung der **Verlustübernahme** erforderlich, § 302 Abs. 1 und 3 AktG	5	
Einkommenszurechnung erstmals für Wirtschaftsjahr, in dem Gewinnabführungsvertrag wirksam, § 14 Abs. 1 S. 2 KStG.	5	
Abschluss des Gewinnabführungsvertrages auf **mindestens 5 Jahren**, § 14 Abs. 1 Nr. 3 S. 1 KStG	5	
Gewinnabführungsabschluss mit der **GmbH-Vorgründungsgesellschaft**: kein automatischer Übergang der Rechte und Pflichten auf die später gegründet eingetragene GmbH.	8	
Gesellschaftsrechtliche Unterscheidung zwischen Vorgründungsgesellschaft, Vorgesellschaft und eingetragener Kapitalgesellschaft	1	
Frühere **Terminologie** von BFH und BGH: Vorgesellschaft und Gründergesellschaft	1	
Beispiele, die **Durchführung des Gewinnabführungsvertrages nicht entgegenstehen**	2	

Inhalt in Stichpunkten	Maximale Punktzahl	Erreichte Punktzahl
Minderung des abzuführenden Gewinns durch vorhandene Verlustvorträge	2	
Minderung um Betrag, der nach § 300 AktG in die gesetzliche Rücklage einzustellen ist	2	
Bildung wirtschaftlich begründeter Gewinnrücklagen im Sinne des § 272 Abs. 3 und Abs. 4 HGB nach § 14 Abs. 1 S. 1 Nr. 4 KStG	2	
Ständige Erwirtschaftung von Verlusten	2	
Kündigung oder Beendigung des Gewinnabführungsvertrages innerhalb der ersten 5 aufeinander folgenden durchgeführten Jahre	4	
Mit wichtigem Grund: Vertrag bleibt für die durchgeführten Jahre steuerrechtlich wirksam	2	
Ein Beispiel für wichtigen Grund gemerkt (z. B. Veräußerung oder Einbringung der Organbeteiligung durch den Organträger)	2	
Ohne wichtigen Grund: Vertrag von Anfang an als steuerrechtlich unwirksam anzunehmen	2	
Nichtdurchführung des Gewinnabführungsvertrags in einem Jahr	2	
Vertrag insgesamt steuerrechtlich unwirksam, wenn noch nicht 5 aufeinander folgende Jahre durchgeführt	4	
Ab diesem Jahr steuerrechtlich unwirksam, wenn 5 aufeinander folgende Jahre durchgeführt	4	
Folge der steuerrechtlichen Unwirksamkeit des Gewinnabführungsvertrages: Organgesellschaft allgemein zur Körperschaftsteuer zu veranlagen	10	
Summe	**100**	

4.4 Hintergrundwissen

4.4.1 Zielsetzung

Die durchschnittliche Lesegeschwindigkeit liegt bei 150 bis 250 Worten pro Minute. Die Erfahrung hat gezeigt, dass ein durchschnittlicher Leser diese Geschwindigkeit bei gleichem oder besserem Textverständnis mindestens verdoppeln kann. Durch intensives Training erzielen viele Leser unter Beibehaltung eines hohen Textverständnisses auch eine Verdreifachung ihrer Geschwindigkeit. Weitere Steigerungen sind durch extremes Training im Einzelfall möglich, jedoch selten. Diese Ergebnisse spiegeln sich auch in den Bit-Zahlen wieder, die unter Abschn. 4.1.1 erwähnt wurden. Bei einer Geschwindigkeit von 200 Worten pro Minute verarbeitet der Leser ca. 40 Bits pro Sekunde. Die gesamte Verarbeitungskapazität liegt allerdings bei 126 Bits pro Sekunde und die durchschnittliche Denkgeschwindigkeit damit bei 600 Wörtern pro Minute. Diese Zahlen zeigen, dass für die meisten Leser eine Verdreifachung der Lesegeschwindigkeit ohne Informationsverlust möglich ist, während selbst unter Beibehaltung kommentierender Gedanken die Lesegeschwindigkeit leicht verdoppelt werden kann. Eine weitere realistische Zielsetzung beinhaltet die Erhöhung der Lesegeschwindigkeit um etwa 50 % bei gleichzeitigem Anstieg des Textverständnisses um 20–50 %, je nach Ausgangslage.

4.4.2 Zeitaufwand bis zur Zielerreichung: 2 Wochen

Je nach Ausgangsergebnis, individueller Lerngeschwindigkeit und persönlicher Zielvorstellung kann die Zeit bis zur Einstellung des Trainingserfolges natürlich variieren. Für außergewöhnliche Erfolgserlebnisse können 50 bis 100 Trainingsstunden notwendig sein. Die durchgeführten Seminare zeigen jedoch, dass nahezu jeder Leser seine ursprüngliche Lesegeschwindigkeit bereits innerhalb von 2 Tagen bei gleichem oder besserem Textverständnis verdoppeln kann (siehe Anhang: Seminare). Für ein zufrieden stellendes Ergebnis im Alleindurchgang sollten jedoch mindestens 2 Wochen angesetzt werden. Ein Leser, der mit dem hier vorgestellten Trainingsprogramm täglich eine Stunde für zwei Wochen lang übt, wird das oben beschriebene Trainingsziel mit höchster Wahrscheinlichkeit erreichen. Dabei ist es unbedingt notwendig, dass die Trainingszeiten konsequent eingehalten werden. Werden diese 12–14 Trainingsstunden über mehr als 2 Wochen hinweg verteilt, wird der Erfolg fraglich. Dies gilt jedoch nur für das anfängliche Training. Sobald die Fähigkeit des Schnelllesens beherrscht wird, ist kein weiteres Üben mehr notwendig. Nach dem abgeschlossenen Lernprozess verhält es sich genauso wie mit dem Erlernen einer Sportart. Ist das Gehirn einmal mit der Fähigkeit vertraut, kann es diese immer wieder aktivieren. Anschließend sind die einzigen Voraussetzungen das regelmäßige Lesen und die Anwendung dieser Technik.

4.4.3 Ausgangslage: schulische Leseausbildung

Der Grund, weshalb die meisten Menschen nur einen Bruchteil ihres Lesepotentials nutzen, liegt größtenteils in einer derzeitigen Limitierung der schulischen Leseausbildung. Den wenigsten Menschen ist bewusst, inwieweit das primäre Schulsystem die eigene Lern- und Lesefähigkeit für den Rest des Lebens prägt und formt. Dieser Sachverhalt wird besser verstanden, sobald das heute vorherrschende Lernsystem mit geschichtlich älteren Systemen verglichen wird. So ist es beispielsweise bekannt, dass im antiken Griechenland selbst ein gebildeter und leseübter Mensch einen Text nur verstehen konnte, wenn er ihn während des Lesens laut aussprach. Selbst nach jahrzehntelanger Lesepraxis änderte sich an dieser Tatsache nichts. Hätte ein Mensch jener Zeit plötzlich versucht einen Text leise zu lesen, so hätte er zwangsläufig festgestellt, dass er den Text auf diese Weise nicht ausreichend verstehen kann. Er hätte eine ähnliche Reaktion gezeigt, wie heute die meisten Leser in Bezug auf das Schnelllesen. Für einen Schnellleser allerdings ist ein gutes Textverständnis bei hoher Geschwindigkeit selbstverständlich. Genauso wie einem gewöhnlichen Leser das leise Lesen völlig normal vorkommt. Für einen Bürger des antiken Griechenlands jedoch stellte es eine scheinbar unmögliche Aufgabe dar. Dabei lag der Grund hierfür einzig in einer limitierten Leseausbildung. Eine Erklärung für diesen Umstand wird unter anderem im fehlenden Buchdruck gefunden. Zur damaligen Zeit hatte in einer Lerngruppe generell immer nur ein Student den Text vorliegen und musste ihn traditionsgemäß laut vorlesen. Diese Vorgehensweise wurde solange praktiziert bis sie zu einer festen Gewohnheit wurde und ein beständiges Verhaltensmuster bildete. Ab einem gewissen Punkt bestimmte dieses Verhalten dann den Grad der individuellen Lesefähigkeit.

Heute hingegen hat jeder Schüler den gleichen Text vorliegen. Dabei wird der Text jeweils von einem Schüler laut vorgelesen, während alle anderen Schüler leise mitlesen. Auf diese Weise erlernt der heutige Schüler das leise Lesen und Verstehen von Texten. An dieser Stelle ist allerdings auch die heutige Leseausbildung bereits beendet und damit stark limitiert. Zwar müssen die Leser der heutigen Zeit die Texte nicht mehr laut aussprechen um sie zu verstehen, es ist allerdings immer noch erforderlich die Texte zumindest innerlich mitzusprechen. Um dies zu verstehen ist es lohnenswert die Herangehensweise der heutigen Leseschulung etwas genauer zu betrachten. In der Schule wird zu Beginn erlernt einzelnen Buchstaben einen Laut zuzuordnen. Dabei werden Buchstaben in ihrer reinen Lautform erlernt. Um das Wort „Apfelbaum" zu lesen, müssen zunächst alle einzelnen Buchstaben des Wortes laut ausgesprochen werden. Diese Laute werden dann möglichst schnell hintereinander gesprochen, so dass sich dadurch die Verbindung zu dem bereits vom Hören bekannten Wort herstellen lässt. Da die Bedeutung des Wortes „Apfelbaum" bisher nur an den Klang des Wortes geknüpft und das visuelle Schriftbild völlig unbekannt ist, liegt zu diesem Zeitpunkt die einzige Möglichkeit des Lesens nur im lauten Mitsprechen.

An diesem Punkt unterscheidet sich der heutige Leseschüler nicht von dem des antiken Griechenlands. Der Unterschied liegt lediglich darin, dass der heutige Leser anschließend lernt die Worte leise innerlich mitzusprechen. Damit ist die Leseausbildung abgeschlossen.

Die moderne Lernforschung zeigt jedoch, dass das menschliche Gehirn durchaus in der Lage wäre, Textinhalte auch rein visuell zu verarbeiten, ohne sie innerlich mitsprechen zu müssen. Sehr aufschlussreich ist hier ein Text, der im Jahr 2003 im Internet zirkulierte. Dieser Text entsprach in Form und Inhalt in etwa folgendem:

Übung 29: Verdrehte Buchstaben

„Sie wdreen ftslestelen, dsas es kien Pboelrm ist, dseein Staz zu vhsetreen, ohowbl die Bhcbastuen alelr Wteoerr vlloeig drchuenniedar snid. Lglideich Aagnsfns- und Ednuhcbbsaetn snid krerokt. Der Gunrd legit dairn, dsas das mneschilhce Gherin nhcit mher jdeen Bcuhstbaen enizlen leist, snodren das Wrot als gnazes."

Dieser Text liefert wahrscheinlich eine der anschaulichsten Begründungen, weshalb das Schnelllesen so gut funktioniert. In der anfänglichen Leseform war es für das Gehirn notwendig die einzelnen Buchstaben aneinanderzureihen um die Verbindung zum auditiv bekannten Wort herzustellen. Deshalb war es auch unumgänglich die Worte zunächst laut und anschließend zumindest innerlich mitzusprechen. Das oben aufgeführte Beispiel beweist jedoch, dass dies nach langjähriger Lese-Erfahrung nicht mehr notwendig ist. Der einzige Grund, weshalb nahezu alle Leser die Worte beim Lesen innerlich mitsprechen, liegt in einem aus der Kindheit stammenden festgefahrenen Verhaltensmuster – genauso wie es bei den Bürgern des antiken Griechenlands vorzufinden war.

Das Textbeispiel mit den durcheinander gewürfelten Buchstaben demonstriert eindrucksvoll, dass das Gehirn eines Lesers inzwischen so perfekte bildhafte Assoziationen der einzelnen Worte besitzt, dass es selbst verzerrte Bildstrukturen sofort mühelos erkennen kann. Hiermit besteht die ideale Voraussetzung zum Erlernen des Schnelllesens. Der angehende Schnellleser erlernt und trainiert darauf aufbauend nun die Fähigkeit, Worte auch rein visuell zu verarbeiten. Damit erwirbt er auch die Fähigkeit, mehrere Worte gleichzeitig zu verarbeiten. Solange jedes Wort innerlich mitgesprochen wird, ist diese Vorgehensweise nicht möglich, da auditive Klänge generell nacheinander erfolgen müssen – auch in der internen Verarbeitung. Da das Gehirn jedoch inzwischen einzelne Worte ganzheitlich und komplett aufnehmen kann, unabhängig von der Reihenfolge der Buchstaben, kann es auch erlernen das Gleiche mit Wortgruppen zu machen. Auf diese Weise werden beispielsweise mit einer Blickfixierung drei Worte gleichzeitig aufgenommen. Dem menschlichen Gehirn fällt diese Aufgabe relativ leicht. Schließlich denkt das Gehirn sowieso nicht in einzelnen Worten, sondern vielmehr in kompletten Strukturen oder so genannten Sinneinheiten. Zur besseren Vorstellung dieses Tatbestands dient das in Abschn. 4.1.1 genanntes Beispiel eines plötzlichen Gedankens, der während einer Konversation auftaucht. Der Gedanke selbst taucht blitzartig auf, doch die verbale Formulierung erfordert Zeit. Beim Schnelllese-Training wird erlernt, den Text genauso blitzartig in einer schnellen Abfolge kompletter Sinneinheiten und Sinnstrukturen aufzunehmen.

4.4.4 Neurologische Funktionsweise

Aus neurowissenschaftlicher Sicht liegt der Unterschied zwischen einem gewöhnlichen Leser und einem Schnellleser in einer teilweisen Lokalisationsverschiebung der neuronalen Aktivität. Beim normalen Lesen werden die aufgenommen Daten vom visuellen Cortex zur inhaltlichen Verarbeitung vollständig an den auditiven Cortex weitergeleitet. Im übertragenen Sinn heißt dies, dass es sich beim Lesen um die einzige visuelle Tätigkeit handelt, bei der die Augen dazu benutzt werden um zu hören anstatt zu sehen. Beim fortgeschrittenen Schnelllesen hingegen werden die Informationen teilweise direkt durch den visuellen Cortex des Gehirns verarbeitet. Diese Fähigkeit wird in der Trainingsphase durch eine verstärkte Stimulierung des visuellen Verarbeitungszentrums erzielt.

Für ein besseres Verständnis dieses Vorgangs hilft der Vergleich mit der Gehirnaktivität eines Blinden. Aufgrund einer übermäßig starken Stimulation ist der auditive Cortex blinder Menschen erheblich komplexer ausgeprägt als bei nicht erblindeten Menschen. Der Grund ist das Fehlen des visuellen Sinns, wodurch das auditive Verarbeitungszentrum zur Kompensation gezwungen wird. Würde ein sehender Mensch sich täglich regelmäßig für eine gewisse Zeitspanne die Augen verbinden und gleichzeitig herausfordernden Tätigkeiten nachgehen, so würde auch dessen Gehirn versuchen den Verlust auszugleichen. Schon nach kurzer Zeit würde auch in diesem Fall der auditive Cortex an Komplexität gewinnen. Genau das Gleiche passiert beim Schnelllese-Training, nur umgekehrt. Hier werden die Augen regelmäßig und systematisch so schnell über den Text geführt, dass ein internes auditives Verarbeiten kaum noch möglich ist. Um diesen Verlust auszugleichen, wird der visuelle Cortex während des Lesens immer stärker stimuliert und intensiver in den Leseprozess mit einbezogen. Dies geschieht bei Geschwindigkeiten von ca. 800 Worten pro Minute. Wenn im folgenden Trainingsstadium die Lesegeschwindigkeit auf beispielsweise 500 Worte pro Minute reduziert wird, hat das Gehirn des Lesers einen spürbaren Vorteil. Die Worte können zu einem beträchtlichen Teil wieder auditiv verarbeitet werden, gleichzeitig ist jedoch auch die visuelle Textverarbeitung ausgeprägter. Diese Kombination auditiver und visueller Verarbeitung befähigt den Schnellleser anschließend den Text selbst bei sehr hohen Geschwindigkeiten noch hervorragend zu verstehen.

4.4.5   Vermeidung von Missverständnissen

Ein weit verbreitetes Missverständnis, welches durch die obige Darstellung des Schnelllesens häufig provoziert wird, besteht in der Annahme, das innerliche Mitsprechen müsste ab jetzt während des Lesens ausgeschaltet werden. Dies ist nicht der Fall. Genauer gesagt wäre dies sogar grundlegend falsch. Es gibt viele Schnellleser, die 600 Worte pro Minute lesen und dennoch jedes einzelne Wort innerlich hören. Schließlich ist es bei entsprechender Konzentration auch möglich, sich einen Text mittels des Computers in der dreifachen Geschwindigkeit vorlesen zu lassen und ihn trotzdem noch zu verstehen. Es geht beim Schnelllese-Training lediglich darum, dass das Verständnis des Lesens nicht mehr zwingend davon abhängt ob nun jedes einzelne Wort innerlich mitgesprochen wird oder nicht. In vielen Fällen werden auch nur noch bestimmte Worte subvokalisiert. Oftmals schließen Seminarteilnehmer daraus, sie würden beim Schnelllesen nur noch die wichtigsten Worte innerlich mitsprechen. Doch woher weiß der Leser, bei welchen Worten es sich um die wichtigsten handelt? Die Antwort lautet, dass weiterhin alle Worte gelesen werden. Davon werden allerdings nur noch die wesentlichen Worte innerlich gehört, während die restlichen Worte rein visuell verarbeitet werden. Wer sich beim Training allerdings ständig fragt, ob er den Text innerlich mitspricht oder nicht, wird vom Inhalt kaum etwas mitbekommen. Im Verlaufe des Trainings ist es daher empfehlenswert, der Frage nach der Subvokalisation keinerlei Beachtung zu schenken und sich stattdessen einfach auf den Inhalt zu konzentrieren.

4.5 Trainingsvorbereitung

4.5.1 Erlernen einer psychomotorischen Fertigkeit

Wie schon in Abschn. 4.1.5 erläutert, bereitet das schnelle Lesen in den meisten Fällen deutlich mehr Freude und Glücksgefühle als die gewöhnliche Vorgehensweise. Nahezu jeder Seminarabsolvent berichtet von einem bislang unbekannten Genuss und Spaß am Lesen.

Um an diesen Punkt zu kommen, ist allerdings eine anfängliche Trainingsphase zu überwinden, die durchaus sehr anstrengend sein kann. Um die notwendige Motivation zu entwickeln, das Trainingsprogramm bis zur Einstellung des Erfolgs durchzuhalten, muss das Schnelllesen als psychomotorische Fertigkeit verstanden werden. Das heißt, es werden sowohl bestimmte kognitive Verarbeitungsfertigkeiten, als auch gewisse motorische Fertigkeiten in Form von äußerst schnellen und gleichzeitig dennoch fein abgestimmten Pupillenbewegungen erfordert. Zu den komplexen psychomotorischen Fertigkeiten (PF) gehören unter anderem auch das Autofahren, 10-Finger-Schreiben, das Spielen eines Instruments, Tennis oder überhaupt jede Sportart. Dabei gibt es mindestens 4 Faktoren, die alle psychomotorischen Fertigkeiten gemeinsam haben:

1. Solange die allgemeinen kognitiven und motorischen Grundvoraussetzungen nicht gestört sind, kann eine psychomotorische Fertigkeit von jedem Menschen erlernt werden.
2. Solange Punkt 1 erfüllt ist und keine stetig steigende erhöhte Muskelkraft benötigt wird, kann eine psychomotorische Fertigkeit nach der Beherrschung der Grundlagen durch erweitertes Training schrittweise verbessert werden. Jemand, der bislang nur mit 2 Fingern schrieb, kann lernen mit 10 Fingern zu schreiben. Eine Person, welche ein bestimmtes Klavierstück bisher nur mit einer Hand spielen konnte, kann lernen das Stück mit beiden Händen zu spielen. Der Autofahrer kann ein Rennfahrer-Training absolvieren, der Freizeit-Tennisspieler kann eine bessere Technik erlernen und der gewöhnliche Leser kann zum Schnellleser werden.
3. Jeder neue Trainingsschritt einer psychomotorischen Fertigkeit führt in der Regel beim Versuch der Besserung zunächst zu einer Verschlechterung. Ist jedoch eine ausreichende Trainingsphase überwunden, verhält es sich genau umgekehrt. Wer beispielsweise bereits mit 2 Fingern schreiben kann und jetzt versucht mit 10 Fingern zu schreiben, der ist zunächst nicht schneller, sondern sogar noch langsamer als vorher. Wer ein Klavierstück bisher nur rechtshändig spielen kann und jetzt versucht, die linke Hand noch hinzuzunehmen, der wird plötzlich viel größere Probleme haben, das Stück zu spielen. Der Tennisspieler, dem gesagt wird, er müsse den Schläger anders führen, um sein Spiel zu verbessern, der wird zunächst schlechter spielen als bisher. Wer hingegen das 10-Finger-Schreiben einmal erlernt hat, kann hier Geschwindigkeiten erreichen, die mit 2 Fingern niemals zu schaffen wären. Der Pianist, der beide Hände zum Spiel nutzt, kann damit Klänge erzeugen von denen der einhändige Klavierspieler nie etwas erfährt und auch der konsequent übende Tennisspieler wird schon bald einen erheblichen An-

stieg seiner Spielfertigkeit bemerken. Genauso verhält es sich auch beim Erlernen des Schnelllesens. Am Anfang wird natürlich keinesfalls mehr verstanden und behalten. Stattdessen verschlechtert sich das Verständnis sogar. Sobald es jedoch beherrscht wird, werden das Textverständnis und die gesamte Lesefähigkeit auf ein neues Niveau gehoben.

4. Jede zur Verbesserung dienende Veränderung einer psychomotorischen Fertigkeit ist zu Beginn meistens mühsam und anstrengend. Sobald die neue Fertigkeit jedoch erlernt wurde, ist sie stattdessen mit einer gewissen Erleichterung und einem erhöhtem Genuss verbunden. Beim Erlernen des 10-Finger-Schreibens verkrampfen sich die Finger zunächst, das anfängliche Klavierspiel mit 2 Händen wird anfangs als stressvoll empfunden und auch das neue Tennistraining ist zu Beginn mühsam. Ausnahmslos jeder, der das 10-Finger-Schreiben erlernt hat, wird jedoch nach einiger Zeit versichern, dass es nicht nur deutlich schneller ist, sondern gleichzeitig auch viel entspannender und angenehmer als das bisherige Schreiben. Genauso werden auch das zweihändige Klavierspiel und das fortgeschrittene Tennisspiel weit mehr Genuss, Freude und Spaß bringen. So verhält es sich natürlich auch beim Schnelllesen. Am Anfang kann es durchaus als anstrengend empfunden werden. Sobald es jedoch zu einer Gewohnheit geworden ist, wird das Schnelllesen sogar als entspannender und angenehmer empfunden als das bisherige Lesen. Dies sollte während des Trainings nie vergessen werden. Wenn beim Training festgestellt wird, dass einem der ganze Prozess zu mühsam vorkommt, sollte sich der Trainierende immer wieder ins Bewusstsein rufen, dass es sich hierbei um eine psychomotorische Fertigkeit handelt. Diese Erfahrungen sind anfangs vollkommen normal. Es ist von größter Wichtigkeit sich in dieser Phase stetig sein Ziel vor Augen zu halten, den Prozess als das Erlernen einer neuen psychomotorischen Fertigkeit zu begreifen und solange weiter zu trainieren bis sich der erwünschte Erfolg einstellt.

4.5.2 Trainingsmaterial

Ein für den Trainingserfolg entscheidender Faktor ist die Auswahl des richtigen Textmaterials. Am besten eignen sich hierfür einfache Sachbücher mit anspruchslosen Inhalten und einer leicht verständlichen Schreibweise. Steuerfachliche, juristische, wirtschaftliche oder politische Texte werden hier nicht empfohlen. Sobald das Schnelllesen beherrscht wird, können selbstverständlich auch oder gerade hochkomplexe und schwierige Texte sehr gut mit dieser Technik gelesen werden. Nicht jedoch am Anfang. Da es sich um eine psychomotorische Fertigkeit handelt, verhält sie sich auch genauso wie alle anderen PF. Wer das erste Mal auf Skiern steht sollte auch nicht gleich auf der schwarzen Piste trainieren, sondern zunächst auf dem Anfängerhügel üben bis die Technik beherrscht wird. Anschließend kann der Skifahrer allmählich auf schwierigere Pisten übergehen. Genauso verhält es sich auch beim Schnelllese-Training. Es wird zunächst solange mit leichten Sachtexten einfachen Inhalts geübt, bis sich spürbare Erfolge einstellen. Danach werden dann allmählich schwierigere Texte verwendet. Ansonsten wird für alle Übungen des Trainingsprogramms eine Stoppuhrfunktion, bzw. eine Uhr mit deutlicher Minuten- und Sekundenanzeige benötigt.

4.6 Trainingsgrundlagen

4.6.1 Bewegungsreiz

Die wichtigste Änderung des ursprünglichen Leseprozesses besteht in der Nutzung eines Bewegungsreizes. In den ersten Schuljahren wird den Schülern noch beigebracht nicht mit dem Finger zu lesen. Diese Vorgehensweise ist bis zu einem gewissen Zeitpunkt auch sinnvoll. Es ist anfangs von gewissem Wert, zu erlernen einem Text auch ohne die Benutzung eines Fingers folgen zu können. Inzwischen wird dies allerdings bereits beherrscht. Bei diesem Training gilt es, die neusten wissenschaftlichen Erkenntnisse zu nutzen um die Lesefähigkeit zu optimieren. Es ist allgemein bekannt, dass die menschlichen Augen biologisch dazu bestimmt sind, Bewegungen zu folgen. Hierbei handelt es sich um einen Millionen Jahre alten Überlebensinstinkt. Sowohl Beute als auch Bedrohungen wurden von den menschlichen Vorfahren größtenteils durch Bewegungen erspäht. Deshalb wird die Aufmerksamkeit automatisch verstärkt auf Bewegungsabläufe ausgerichtet. Auch im heutigen Straßenverkehr wird das Überleben durch diesen Urinstinkt gesichert. Dieser biologische Instinkt kann leicht zum Vorteil genutzt werden, indem beim Lesen generell ein Stift zur Unterstützung benutzt wird. Hier wird der Stift so unter den Textzeilen entlang geführt, als würde eine Zeile nach der anderen unterstrichen werden. Dabei ist auf eine flüssige und rhythmische Bewegung zu achten. Die Augen gleiten dabei gleichmäßig in der Bewegungsgeschwindigkeit über den Text. Auch wenn dies am Anfang noch nicht reibungslos funktioniert, so ist es wichtig, konsequent auf diese Weise weiterzulesen. Bereits nach kurzer Zeit wird sich eine messbare Geschwindigkeitssteigerung einstellen. An dieser Stelle wird eine 5-minütige Übung empfohlen, bevor mit dem nächsten Punkt fortgeschritten wird.

4.6.2 Ergonomie

Da die physische Haltung einen spürbaren Effekt auf die Konzentrationsfähigkeit ausübt, ist eine aufrechte und wache Körperhaltung von Bedeutung. Die Durchblutung wird sofort erhöht, das Gehirn erhält mehr Sauerstoff und die Aufnahmefähigkeit steigt. Ferner ist ein optimaler Lesewinkel von Vorteil. Dies wird am leichtesten erreicht, indem am vorderen Ende des Buches ein bis drei weitere Bücher untergelegt werden. Auf diese Weise können die Augen den Text leichter aufnehmen, während der Nackenbereich entspannt bleibt.

4.6.3 Regressionsvermeidung

Eine der hinderlichsten Angewohnheiten des normalen Lesers besteht darin, während des Lesens immer wieder im Text zurückzuspringen. Dies kostet nicht nur viel Zeit, sondern auch Konzentration und Textverständnis werden durch diese Angewohnheit in Mitleidenschaft gezogen. Folgende abgeänderte Textaussage dient zur Veranschaulichung:

„Aus- und Weiterbildung ist eine zentrale Aufgabe auf dem Weg zum Wissensunternehmen. Neue Rollenverständnisse ..." – Aus- und Weiterbildung – „... und Arbeitsformen sind zu erlernen und begleiten. In den Vereinigten Staaten ..." – sind zu begleiten – „... ist in den letzten Jahren ein Boom sog. Unternehmensuniversitäten zu verzeichnen, ..." – Unternehmensuniversitäten – „... deren bekannteste die ..." – zu verzeichnen – „... die Motorola University ist."[14]

Eine solche Textaussage ist nur unter enormer Anstrengung lesbar. Obwohl bei den gängigen Leseregressionen die Rücksprünge bewusster geführt werden, macht der Leser hier unbewusst nichts anderes. Der einzige Grund, weshalb beim Lesen zurückgesprungen wird, besteht in einer schlechten Angewohnheit aus der Kindheit. Wer ab jetzt beim Lesen auf Regressionen verzichtet, wird anfänglich eventuell eine Minderung des Textverständnisses erfahren, da diese Leseform noch ungewohnt ist. Wird beim Lesen jedoch konsequent und diszipliniert auf Rücksprünge verzichtet und stattdessen weiter gelesen, stellt sich schon nach kurzer Zeit eine spürbare Erhöhung der Konzentration und damit des Textverständnisses ein.

4.7 Trainingsprogramm

Das Trainingsprogramm besteht aus 5 Trainingsblöcken:

Training 1 – Dauer:	10 Minuten
Training 2 – Dauer:	7 Minuten
Training 3 – Dauer:	16 Minuten
Training 4 – Dauer:	15 Minuten
Training 5 – Dauer:	12 Minuten
	60 Minuten

Insgesamt dauert die Durchführung aller 5 Trainingsblöcke 60 Minuten. Werden pro Tag konsequent und diszipliniert alle 5 Trainingsblöcke absolviert, stellen sich nach etwa 2 Wochen beträchtliche Fortschritte ein. Anschließend können die erzielten Erfolge im übernächsten Kapitel gemessen und festgehalten werden.

---

[14] S. 151 Klaus North – Wissensorientierte Unternehmensführung, Gabler Verlag 1998.

4.7.1 Training 1 – Training von Motorik und visueller Textverarbeitung

(Dauer: 10 Minuten)

Wie schon beschrieben, handelt es sich beim Schnelllesen um eine psychomotorische Fertigkeit. Dies impliziert bereits, dass es sich hierbei auch um eine motorische Fertigkeit handelt, die entsprechend erlernt werden muss. Es ist wichtig, sich diesen Aspekt bewusst zu machen. Ansonsten kommt leicht der Irrglaube auf, es handle sich beim Schnelllesen um eine rein kognitive Herausforderung, wobei außer der Sehfertigkeit wohl kaum nennenswerte motorische Fertigkeiten notwendig seien. Dies ist nicht korrekt. Ein anfängliches Scheitern ist in vielen Fällen allein auf eine mangelnde motorische Fertigkeit zurückzuführen. Damit sich das Gehirn einer schnelleren Informationsaufnahme anpassen kann, müssen die Augen schließlich zunächst in der Lage sein, ausnahmslos alle vorliegenden Informationen eindeutig an das Gehirn weiterzuleiten. Dies ist nicht so einfach wie es scheint. Genau genommen erfordert es einen äußerst fein abgestimmten, exakten und punktgenauen Fixierungsrhythmus der Augen. Sowohl Pupillenausrichtung, Fixierungsanzahl und Fixierungsdauer müssen fein aufeinander abgestimmt und trainiert werden. Dafür ist keine außergewöhnliche Sehkraft vonnöten. Brillen- oder Kontaktlinsenträger haben hier die gleichen Voraussetzungen wie jeder andere auch. Es ist einzig und allein eine Frage des Trainings. Um bei diesem Training nicht zusätzlich mit mangelndem Textverständnis kämpfen zu müssen, wird die folgende Übung mit einem bereits bekannten und gerade aufgenommenen Text durchgeführt. Das Training läuft dabei folgendermaßen ab: Zunächst wird in einem ausgewählten Übungsbuch ab einem geeigneten Anfangspunkt 3 Minuten lang auf Verständnis gelesen. Hier wird selbstverständlich wie oben erwähnt der Stift als Hilfsmittel benutzt. Anschließend wird die erreichte Textstelle markiert. Jetzt werden alle in Erinnerung befindlichen Punkte eine Minute lang wiedergegeben. Dies gewährleistet die Aufrechterhaltung der Konzentration während des Lesens und wird bei allen Lesedurchgängen des Trainingsprogramms gemacht. Im zweiten Durchgang wird der gleiche Text nochmals gelesen – diesmal allerdings in nur 2 Minuten. Bedingung ist, dass mindestens genauso weit gelesen wird wie im ersten Durchgang. Dafür muss die Lesegeschwindigkeit also um mindestens 50 % erhöht werden. Hier spielt die Benutzung eines Stiftes eine große Rolle. Ohne Stift ist es schwer die vorgegebene Geschwindigkeit einzuhalten. Mithilfe des Stiftes wird dies jedoch relativ einfach. Der Stift wird in einer flüssigen unterstreichenden Bewegung die Zeilen entlang geführt, während die Augen dem Text in der vorgegebenen Geschwindigkeit folgen. Dabei sollte die Stiftgeschwindigkeit um mindestens 50 % höher liegen als im vorherigen Durchgang. Optimal ist, wenn in den 2 Minuten vorher der markierte Punkt überschritten wird. In diesem Fall wird anschließend so schnell wie möglich weiter gelesen. Nach 2 Minuten wird der erreichte Punkt markiert. Jetzt werden die Inhaltspunkte wieder 1 Minute lang wiedergegeben, wobei das Ziel darin besteht, zusätzliche Informationen zu nennen. Anschließend wird derselbe Text ein drittes Mal gelesen – diesmal in nur 1 Minute. Bedingung ist wieder, dass mindestens genauso weit gelesen wird wie im ersten Durchgang oder weiter. Es muss also mindestens doppelt so schnell gelesen werden wie im vorherigen Durchgang. Der Stift muss in mindestens doppelter Geschwindigkeit die Zeilen entlang geführt werden. Anschließend werden eine Minute lang zusätzlich aufgenommene Informationen wiedergegeben. Die gesamte Trainingszeit beträgt damit neun Minuten. Zwischenzeiten mit eingerechnet, kann von einer Zeitinvestition von 10 Minuten ausgegangen werden. Durch dieses Training werden die Augen trainiert auch noch in sehr hohen Geschwindigkeiten den Text vollständig aufzunehmen. Darüber hinaus erlernt das Gehirn mehrere Worte gleichzeitig zu verarbeiten. Wortgruppen wird das Gehirn dabei eventuell teilweise auditiv und teilweise rein visuell verarbeiten.

Kurzanleitung:

Dauer: 10 Minuten
3 Min: Lesen auf Verständnis, Endpunkt markieren
1 Min: Wiedergeben
2 Min: selben Text bis Endpunkt oder weiter lesen, neuen Endpunkt markieren
1 Min: Wiedergeben
1 Min: selben Text bis Endpunkt oder weiter lesen, neuen Endpunkt markieren
1 Min: Wiedergeben

4.7.2 Training 2 – Anpassung durch systematische Überforderung

(Dauer: 8 Minuten)

Das evolutionäre Programm hat das Gehirn mit einer bemerkenswerten Fähigkeit der Anpassung an neue Situationen ausgestattet. Um sich neuen Erfordernissen anzupassen, stehen dem menschlichen Gehirn eine Reihe von Variationsmöglichkeiten zur Verfügung. Synaptische Strukturen können anders vernetzt, Querverbindungen neu gebildet und die Schaltkreise entsprechend verknüpft werden. Die Neuronen können andere Neurotransmitter abfeuern, die Verarbeitungsgeschwindigkeit beschleunigt, die interne Reaktionszeit verkürzt, die Konzentration ausgeweitet oder verdichtet und viele weitere Veränderungen in Kraft gesetzt werden. Diese Anpassungsvorgänge treten unter bestimmten Voraussetzungen teilweise nach Wochen, teilweise auch bereits nach Tagen, Stunden, Minuten oder Sekunden ein. Damit das Gehirn diese Anpassungsmechanismen einsetzt, muss allerdings zunächst eine regelmäßige Notwendigkeit für die Anpassung bestehen. Ansonsten hält das Gehirn lieber an bewährten Gewohnheiten fest. Besteht jedoch tatsächlich eine regelmäßige Notwendigkeit, wird das Gehirn gezwungenermaßen jegliche Möglichkeit der Veränderung in Gang setzen, um sich den neuen Begebenheiten anzugleichen. Für das Schnelllese-Training bedeutet dies, dass hier das Gehirn fortlaufend und systematisch in Lesesituationen gebracht wird, die einen Anpassungsprozess zwingend erforderlich machen. Das geschieht, indem die Lesegeschwindigkeit bis zu dem Punkt erhöht wird, an dem das Gehirn den Text mit seiner derzeitigen Fähigkeit nicht mehr ausreichend verstehen kann. An diesem Punkt wird die Lesegeschwindigkeit dann solange gehalten, bis sich eine spürbare Veränderung der Informationsverarbeitung einstellt. Entscheidend ist hierbei, die erhöhte Geschwindigkeit konsequent aufrechtzuerhalten, egal ob der Text dabei verstanden wird oder nicht. Das Gehirn hat schließlich das grundlegende Potential den Text in dieser Geschwindigkeit aufzunehmen. Entweder die interne Textverarbeitung passt sich nun an die neue Begebenheit an oder es wird eben kein Inhalt aufgenommen. Doch das Tempo bleibt. Dem Gehirn wird keine einzige Chance der Sinnaufnahme gegeben, außer durch Anpassung an die neue Geschwindigkeit. Wenn das lange genug durchgehalten wird, dann findet das Gehirn nach und nach Möglichkeiten, den Inhalt durch eine erhöhte Konzentration und beschleunigte Denkprozesse trotzdem zu verstehen.

In der hier vorgestellten Trainingsphase wird dabei der Text mindestens in der doppelten Geschwindigkeit gelesen, die normalerweise für ein gutes Textverständnis nötig ist. Zunächst wird also auf Verständnis gelesen. Sobald ein Gefühl für die normale Geschwindigkeit erfahren wurde, wird die Stiftbewegung mindestens auf das zweifache Tempo beschleunigt. Im Zweifelsfall ist es besser den Stift sogar noch schneller zu bewegen. Es sollte eine Geschwindigkeit erreicht werden, bei welcher der Text anfangs überhaupt nicht mehr verstanden werden kann. Das ist ganz wesentlich. Dieses Tempo wird jetzt 8 Minuten lang gehalten, während die Augen konsequent der Stiftgeschwindigkeit folgen. Wem dies schwer fällt, der kann diese Übung auch mit einem Metronom (Taktmesser) ausführen. Hierbei wird zunächst der Takt ermittelt, in welchem sich der Stift normalerweise über die Zeilen bewegt. Anschließend wird die Taktzahl verdoppelt. Es wird eine Zeile pro Taktschlag gelesen. Es funktioniert allerdings auch ohne Taktmesser, solange darauf geachtet wird, den Stift konsequent, rhythmisch und flüssig über die Zeilen zu führen. Bei dieser Übung ist es sehr wichtig, auf keinen Fall im Text zurückzuspringen, stehen zu bleiben oder die Geschwindigkeit zu reduzieren. Ansonsten wird das ganze Training augenblicklich unwirksam. Interessante Stellen können nach der Übung nochmals langsamer gelesen werden, nicht aber während des Trainings. Dies ist entscheidend für den Erfolg. In dieser Trainingsphase besteht das Ziel nicht in der Erfassung des Inhalts. Vielmehr geht es darum, das Gehirn systematisch zu überfordern und somit eine Anpassung zu erzwingen.

Kurzanleitung:

Dauer: 7 Minuten
7 Min: Doppelte Lesegeschwindigkeit mit dem Stift vorgeben und mit den Augen folgen

4.7.3 Training 3 – Zwei Leseformen und Überkompensation

(Dauer: 16 Minuten)

Zwei Leseformen Bei einem wirkungsvollen Schnelllese-Training wird grundsätzlich zwischen 2 verschiedenen Leseformen unterschieden. Diese werden hier als „Verständnis-Lesen" und „Trainings-Lesen" bezeichnet. „Verständnis-Lesen" bedeutet, dass bei maximaler Geschwindigkeit gelesen wird, bei dem die wichtigsten Textaussagen noch verstanden werden können. Beim „Trainings-Lesen" hingegen wird so schnell gelesen, dass der Text kaum oder auch gar nicht mehr verstanden werden kann. Leider geben die meisten Leser, die gerne das Schnelllesen meistern würden, hierbei viel zu schnell auf. Vielen ist es schwer verständlich, worin der Nutzen dieser Übung bestehen soll, wenn doch nichts vom Text verstanden werden kann. Dabei sind gerade diese Etappen des Trainings von größter Wirksamkeit. Das „Trainings-Lesen" kann dabei als das Stemmen gegen ein Gewicht gesehen werden, welches viel zu schwer ist. Durch ein starkes Gegenstemmen wird sich das Gewicht zwar auch nicht bewegen, der Muskel wird allerdings dadurch dennoch stärker werden. Wichtig ist nur der Versuch, sowie maximaler Krafteinsatz. Genauso verhält es sich auch beim „Trainings-Lesen". Auch wenn der Text nicht verstanden werden kann, tritt dennoch ein Trainingseffekt ein.

Überkompensation In Psychologie und Neurowissenschaft ist das Wort „Überkompensation" ein wichtiger Begriff. Gemeint ist hier ein durch Überforderung entstehender Ausgleich, der über den bisherigen Normalzustand hinausgeht. Den meisten ist dieser Begriff auch aus dem Sport bekannt. Wird der Muskel an seine Grenze geführt, wird die dadurch entstandene Erschöpfung anschließend übermäßig ausgeglichen, so dass bei der nächsten Belastung eine erhöhte Kraft zur Verfügung steht. Sprinter nutzen das Prinzip, indem sie regelmäßig den Sprint bergauf trainieren um anschließend auf gerade Strecke schneller zu laufen.

Dieses Phänomen stellt sich gleichsam auch bei Kognitionsprozessen ein. Sowohl bezüglich der Konzentrationsfähigkeit, der Denkgeschwindigkeit als auch der allgemeinen Informationsverarbeitung setzt das Gehirn bei entsprechender Herausforderung die Überkompensation in Gang.

Das Überkompensationstraining beim Schnelllesen funktioniert folgendermaßen: Zunächst wird ein entsprechender Text im Übungsbuch 4 Minuten lang mit doppelter Geschwindigkeit[15] gelesen. Die Geschwindigkeit liegt hier also um 100 % höher als die Ausgangsgeschwindigkeit. In den darauf folgenden 4 Minuten wird der Stift im anschließenden Text um ca. 150 % schneller bewegt. Die Augen folgen dabei konsequent der Geschwindigkeit. Die nächsten 4 Minuten wird der folgende Text schließlich sogar um 200 % schneller gelesen. Das Lesetempo liegt an diesem Punkt also dreimal so hoch wie die Ausgangsgeschwindigkeit. In den letzten 4 Minuten wird der Text dann wieder in der gleichen Geschwindigkeit wie in den ersten 4 Minuten gelesen. Diese Übung funktioniert am besten, wenn das Tempo durch einen Taktmesser vorgegeben ist. Möglich ist das Training allerdings auch ohne Metronom, auch wenn dann die Geschwindigkeitsunterschiede nicht ganz präzise sind. Das grundlegende Prinzip wird in jedem Fall erfüllt. Der Grund, weshalb dieses Training so wirkungsvoll ist, kann leicht verstanden werden, wenn die hier eintretende Wirkung mit einer aus dem Alltag bekannten Situation verglichen wird: dem Autofahren. Angenommen jemand fährt morgens mit dem Auto los und bewegt sich mit 30 km/h fort. Zu Beginn erscheint dies bereits als zügige Bewegung. Anschließend gelangt der Auto-

---

[15] Siehe Training 2.

4.7 Trainingsprogramm

fahrer auf eine Landstraße und fährt 100 km/h. Gleich darauf fährt er auf die Autobahn und fährt schließlich 180 km/h. Der Effekt tritt augenblicklich ein. Der Fahrer ist jetzt viel wacher, konzentrierter und aufmerksamer. Die Reaktionszeit wird verkürzt und die Informationsverarbeitung beschleunigt. Diese Geschwindigkeit wird nun 30 Minuten lang gehalten, solange bis sich der Fahrer daran gewöhnt hat. Danach verlässt er die Autobahn und fährt plötzlich nur noch mit 60 km/h. Zunächst erscheint es dem Fahrer so, als würde das Auto stehen. Auch einige Zeit später wirkt dieses Tempo immer noch äußerst langsam. Dabei fährt er immer noch doppelt so schnell wie ganz am Anfang. Der Grund, weshalb die Geschwindigkeit jetzt so langsam erscheint, liegt darin, dass das Gehirn die für das hohe Tempo benötigte Reaktionszeit und Verarbeitungsbeschleunigung immer noch beibehält und jetzt in der langsameren Geschwindigkeit aktiviert. Etwas Ähnliches geschieht auch bei dem hier vorgestellten Schnelllese-Training. In den ersten 4 Minuten erscheint die Geschwindigkeit sehr hoch. In den nächsten 4 Minuten wird die Geschwindigkeit allerdings nochmals deutlich erhöht und in den folgenden 4 Minuten liegt das Tempo nochmals um weitere 100 % höher. Es macht nichts, wenn in dieser Geschwindigkeit nichts mehr verstanden wird. Allein der Versuch in dem Tempo noch dem Text zu folgen, stimuliert das Gehirn auf eine vollkommen neue Weise. Die Verarbeitungsgeschwindigkeit wird stark beschleunigt. Es ist viel zu schnell, doch das Gehirn macht alles, um irgendwie mitzukommen. Zwar wird dies dem Gehirn vermutlich nicht gelingen, doch wenn in den letzten 4 Minuten plötzlich wieder eine niedrigere Geschwindigkeit eintritt, erscheint dies dem Gehirn plötzlich relativ langsam. Auf einmal beginnt der Leser, den Text in dieser Geschwindigkeit noch einigermaßen verstehen zu können. Wird dieses Training regelmäßig wiederholt, treten schon nach kurzer Zeit messbare Erfolge ein. Dies ist die klassische Nutzung des Prinzips der Überkompensation.

Kurzanleitung:

Dauer: 16 Minuten
4 Min: 100 % schneller lesen als gewöhnlich
4 Min: 150 % schneller lesen als gewöhnlich
4 Min: 200 % schneller lesen als gewöhnlich
4 Min: 100 % schneller lesen als gewöhnlich

4.7.4 Training 4 – Schnelllesen mit Erinnerungstraining

(Dauer: 15 Minuten)

Die Texterinnerung wird am besten trainiert, indem der Leser sich zwingt, nach Abschluss einer bestimmten Lesedauer alle in der Erinnerung befindlichen Inhaltspunkte wiederzugeben. Währenddessen darf nicht mehr im Text nachgeschlagen werden. Wird dies regelmäßig gemacht, steigt die Texterinnerung schrittweise an. Auch die Merkfähigkeit folgt dem Prinzip der Überkompensation. Je höher die Herausforderung, desto stärker kompensiert das Gehirn. Nach einer Lesezeit von drei Minuten können anfänglich vielleicht nur drei Inhaltspunkte genannt werden. Bald jedoch sind es schon vier Inhaltspunkte und irgendwann fünf, sechs, sieben oder sogar mehr. Natürlich ist es für die Prüfungsvorbereitung von viel größerem Vorteil alle wichtigen Punkte mittels der in diesem Buch vorgestellten Gedächtnistechniken abzuspeichern. Während des Schnelllese-Trainings sollte zusätzlich jedoch auch das reine Abrufen von Informationen trainiert werden, ohne die Hilfe von Gedächtnistechniken. Hierbei wird zusätzlich noch ein weiterer Teil des Gehirns trainiert.

Entscheidend ist dabei natürlich, in einer möglichst hohen Geschwindigkeit zu lesen. Auf diese Weise wird das Gehirn in die Lage versetzt, Texte auch bei sehr hohen Geschwindigkeiten außerordentlich gut aufzunehmen. In diesem Training wird ein Text im Übungsbuch drei Minuten lang um ca. 50 % schneller gelesen als gewöhnlich. Anschließend wird einfach alles wiedergegeben, was einem zu diesem Text noch einfällt. Dieser Vorgang ist mehrmals zu wiederholen.

Kurzanleitung:

Dauer: 15 Minuten
3 Min: 50 % schneller lesen als gewöhnlich
1–2 Min: Wiedergeben
3 Min: 50 % schneller lesen als gewöhnlich
1–2 Min: Wiedergeben
3 Min: 50 % schneller lesen als gewöhnlich
1–2 Min: Wiedergeben

4.7.5 Training 5 – Schnelllesen mit Verständnistraining

(Dauer: 12 Minuten)

Selbstverständlich kann auch das Textverständnis trainiert und kontinuierlich verbessert werden. Um das Textverständnis zu erhöhen, ist es von hoher Wichtigkeit, während des Lesens Notizen zu machen. Durch das Notieren wichtiger Punkte treten mehrere vorteilhafte Wirkungen in Kraft. Unter anderem wird durch die erhöhte motorische Aktivität das Gehirn stärker stimuliert und damit auch Intelligenz und Konzentration gesteigert. Laut den Forschungen des Neuropsychologens Gerhard Neuweiler entstammt der Großteil der menschlichen Intelligenz aus der Nutzung der Feinmotorik, wozu selbstverständlich auch das Schreiben gehört. Dabei ist es wichtig, dass für jeden wichtigen Inhaltspunkt jeweils nur ein kurzes Stichwort notiert wird. Dieses Wort wird entweder an den Rand geschrieben oder auf ein Extra-Blatt. Es kann sich hierbei sowohl um Kurzerwähnungen komplexerer Sachverhalte handelt, als auch um einzelne Begriffe, Namen oder Zahlen. Selbstverständlich wird auch empfohlen, während des Lesens Markierungen zu setzen. Diese sollten jedoch nie als Ersatz für das Notieren dienen, sondern zusätzlich stattfinden.

4.7 Trainingsprogramm

Dabei ist für die Wirksamkeit entscheidend, dass richtig markiert wird. Die meisten Studenten markieren generell zu viel. Hier sind die Bücher häufig mehr bunt als weiß. Damit geht der Effekt dieser Technik verloren. Das Markieren dient schließlich in erster Linie dazu, Kontrast zu erzeugen. Optimales Markieren sieht folgendermaßen aus: Einige wenige wichtige Worte oder Wortgruppen werden markiert bzw. mit dem Stift eingekreist, die allerwichtigsten Zeilen werden unterstrichen und alle entscheidenden Textstellen, die länger als drei Zeilen sind, am Rand angestrichen. Ähnliches gilt natürlich auch beim Schreiben. Notizen sind nur sinnvoll, wenn sie so kurz sind, dass sie anschließend mit einem kurzen Blick erfasst werden können. Deshalb sollten auch bei längeren Sinnabschnitten immer nur einzelne Stichworte festgehalten werden. Dies müssen keine im Text befindlichen Worte sein, sondern sie können kreativ zugeordnet werden.

Für die bisherigen Übungen wurde empfohlen mit äußerst leichten Büchern zu trainieren. Bei dem folgenden Training ist es jedoch bereits sinnvoll, schwierigere Texte zu benutzen. Sollten die Texte dabei teilweise so schwer sein, dass sie bei einem einmalig zügigen Lesen unmöglich verstanden werden können, so empfiehlt sich die unter Abschn. 4.1.2 empfohlene Taktik. Das heißt, in diesem Fall wird zunächst ein ausgewählter Textabschnitt mit einem bis vier Absätzen in einer hohen und zügigen Geschwindigkeit gelesen und anschließend in einem etwas langsameren Tempo wiederholt. Dabei werden erst im zweiten Durchgang Notizen und Stiftmarkierungen gemacht. Nun wird der nächste Textabschnitt gewählt, usw. Im Anschluss an das gesamte Lesetraining werden nun die wichtigsten Inhaltspunkte aufgezählt und erklärt. Hierbei unterscheidet sich dieses Training in einem wesentlichen Element. Im vorigen Training geht es vor allem darum, generell alles zu sagen, was einem noch zum Text einfällt. Für das Verständnistraining jedoch ist es sehr wichtig, sich nur auf das aller Wesentlichste zu beschränken und sich dabei so kurz wie möglich zu fassen. Lässt sich der Leser hier zu viel Zeit, neigt er leicht dazu, sich in wenig sagenden Umschreibungen und Assoziationen zu verlieren. Muss der Leser sich jedoch kurz fassen und auf den Punkt kommen, so ist er gezwungen sich auf die Kernaussagen und die tatsächlichen Textessenzen zu konzentrieren. Auf diese Weise wird das Gehirn geschult, bereits während des Lesens verstärkt auf entscheidende Textpunkte zu achten. Dadurch wird das Textverständnis kontinuierlich besser.

In dem jetzt folgenden Training wird dabei zunächst 4 Minuten lang mit dem Stift in höchstmöglicher Geschwindigkeit gelesen. Anschließend werden die Notizen und Anstriche nochmals kurz überblickt und dann die 5 wichtigsten Inhaltspunkte wiedergeben. Die Übung wird zweimal durchgeführt.

Kurzanleitung:

Dauer: 12 Minuten
4 Min: Lesen in höchstmöglicher Geschwindigkeit
1 Min: Überblick verschaffen der Notizen und Markierungen
1 Min: Wiedergeben der 5 wichtigsten Inhaltspunkte
4 Min: Lesen in höchstmöglicher Geschwindigkeit

1 Min: Überblick verschaffen der Notizen und Markierungen
1 Min: Wiedergeben der 5 wichtigsten Inhaltspunkte

4.8 Drei Gründe für die langfristige Verwendung eines Lese-Stifts

An dieser Stelle stellt sich meist die Frage, ob der Stift ab jetzt immer verwendet werden soll oder nur während des Trainings. Die Empfehlung lautet den Stift wirklich ausnahmslos immer zu verwenden. Hierfür gibt es drei sehr gute Gründe:

1. Durch die Stiftbewegung wird die Lesegeschwindigkeit bewusst durch die Hand vorgegeben und nicht von der gewohnheitsmäßigen Pupillenbewegung diktiert. Auf diese Weise besteht eine viel größere Kontrolle über den eigenen Leseprozess. Regressionen können vermieden werden und die Geschwindigkeit kann variiert und bewusst verändert werden.
2. Es findet eine visuelle Führung statt. Das herkömmliche Lesen stellt normalerweise eine Belastung für die Augen dar. Das menschliche Auge wurde genetisch nicht dafür geschaffen, kleinen Zeichen 30 cm vor dem Gesicht zu folgen. Aus diesem Grund strengt das Lesen die Augen an. Wer einen normalen Leser beobachtet, sieht, wie ruckhaft und unregelmäßig sich dessen Augen bewegen. Beim Schnelllesen müssen die Augen lediglich dem Stift folgen und befinden sich dabei in einer sanften und gleichmäßigen Bewegung. Dies stellt eine große Entlastung für das Auge dar.
3. Die Ausrichtung erhöhter Aufmerksamkeit auf einen Bewegungsreiz wurde bereits erwähnt. Dieser biologische Überlebensinstinkt sollte immer genutzt werden.

4.9 Lesetests zur Fortschrittsmessung

Die folgenden Texte sind aus der steuerlichen Fachliteratur entnommen. An ihnen können die Schnelllesetechniken getestet werden.

Bitte nehmen Sie eine Stoppuhr zur Hand und messen Sie die Zeit, die Sie für den Text benötigen. Nach dem Lesen wird anhand eines Textbogens Ihr Textverständnis abgefragt.

4.9.1 Text 1 – Veräußerung von Anteilen an einer GmbH

START

Nach § 17 Abs. 1 Satz 1 EStG gehört zu den Einkünften aus Gewerbebetrieb auch der Gewinn aus der Veräußerung von Anteilen an einer GmbH, wenn der Veräußerer innerhalb der letzten fünf Jahre am Kapital der Gesellschaft unmittelbar oder mittelbar zu mindestens 1 % beteiligt war. Dabei steht die verdeckte Einlage von Anteilen an einer Kapitalgesellschaft in eine Kapitalgesellschaft der Veräußerung der Anteile gleich (§ 17 Abs. 1 Satz 2 EStG).

Anteile an einer GmbH i. S. d. § 17 Abs. 1 EStG sind nach ständiger Rechtsprechung des BFH die Geschäftsanteile i. S. d. §§ 5 und 14 GmbHG.[16] Nach § 14 GmbHG bestimmt sich der Geschäftsanteil eines Gesellschafters nach dem Betrag der übernommenen Stammeinlage. Aus der Anbindung des § 17 Abs. 1 EStG an diese zivilrechtliche Regelung folgt, dass sich steuerrechtlich die Höhe des Anteils an einer GmbH ebenfalls aus der übernommenen Stammeinlage errechnet. Dagegen sind die Einflussmöglichkeiten eines Gesellschafters auf die Kapitalgesellschaft für die Beurteilung, ob eine wesentliche Beteiligung vorliegt, ohne Bedeutung. Von den dispositiven Vorschriften des GmbHG abweichende Vereinbarungen über das Stimmrecht, das Gewinnbezugsrecht oder die Beteiligung am Liquidationserlös beeinflussen die Höhe der Beteiligung nicht.[17] Dies führt zu einer kapitalmäßigen Bestimmung des Begriffs der wesentlichen Beteiligung. Für die Beteiligung am Kapital der Gesellschaft ist danach grundsätzlich der nominelle Anteil an deren Stammkapital maßgebend.[18]

Hat der Veräußerer den veräußerten Anteil innerhalb der letzten fünf Jahre vor der Veräußerung unentgeltlich erworben, so gilt § 17 Abs. 1 Satz 1 EStG entsprechend, wenn der Veräußerer zwar nicht selbst, aber der Rechtsvorgänger oder, sofern der Anteil nacheinander unentgeltlich übertragen worden ist, einer der Rechtsvorgänger innerhalb der letzten fünf Jahre im Sinne von § 17 Abs. 1 Satz 1 EStG beteiligt war.

Veräußerungsgewinn im Sinne des § 17 Abs. 1 EStG ist der Betrag, um den der Veräußerungspreis nach Abzug der Veräußerungskosten die Anschaffungskosten übersteigt. In den Fällen des § 17 Abs. 1 Satz 2 EStG tritt an die Stelle des Veräußerungspreises der Anteile ihr gemeiner Wert. Hat der Veräußerer den veräußerten Anteil unentgeltlich erworben, so sind als Anschaffungskosten des Anteils die Anschaffungskosten des Rechtsvorgängers maßgebend, der den Anteil zuletzt entgeltlich erworben hat.
Ein Veräußerungsverlust ist nicht zu berücksichtigen, soweit er auf Anteile entfällt,

- die der Steuerpflichtige innerhalb der letzten fünf Jahre unentgeltlich erworben hatte. Dies gilt nicht, soweit der Rechtsvorgänger an Stelle des Steuerpflichtigen den Veräußerungsverlust hätte geltend machen können;
- die entgeltlich erworben worden sind und nicht innerhalb der gesamten letzten fünf Jahre zu einer Beteiligung des Steuerpflichtigen im Sinne von § 17 Abs. 1 Satz 1 EStG gehört haben. Dies gilt nicht für innerhalb der letzten fünf Jahre erworbene Anteile, deren Erwerb zur Begründung einer Beteiligung des Steuerpflichtigen im Sinne von § 17

---

[16] BFH 25.11.1997, VIII R 29/94, BStBl 1998 II, 257; 25.11.1997, VIII R 36/96, BFH/NV 1998, 691; 25.11.1997, VIII R 49/96, BFH/NV 1998, 694; 14.06.2005, VIII R 73/03, BStBl 2005 II, 861.
[17] BFH 25.1.1997, VIII R 29/94, BStBl 1998 II, 257.
[18] BFH 25.1.1997, VIII R 29/94, BStBl 1998 II, 257; 14.6.2005, VIII R 73/03, BStBl 2005 II, 861.

Abs. 1 Satz 1 EStG geführt hat oder die nach Begründung der Beteiligung im Sinne von § 17 Abs. 1 Satz 1 EStG erworben worden sind.

Der Veräußerungsgewinn wird zur Einkommensteuer nur herangezogen, soweit er den Teil von 9060,00 € übersteigt, der dem veräußerten Anteil an der Kapitalgesellschaft entspricht. Der Freibetrag ermäßigt sich daher um den Betrag, um den der Veräußerungsgewinn den Teil von 36.100,00 € übersteigt, der dem veräußerten Anteil an der Kapitalgesellschaft entspricht.

Nach § 17 Abs. 4 EStG ist § 17 Abs. 1 bis 3 EStG entsprechend anzuwenden, wenn eine Kapitalgesellschaft aufgelöst wird oder wenn ihr Kapital herabgesetzt und zurückgezahlt wird oder wenn Beträge aus dem steuerlichen Einlagekonto i. S. d. § 27 KStG ausgeschüttet oder zurückgezahlt werden. In diesen Fällen ist als Veräußerungspreis der gemeine Wert des dem Steuerpflichtigen zugeteilten oder zurückgezahlten Vermögens der GmbH anzusehen.

§ 17 Abs. 4 Satz 1 EStG gilt nicht, soweit die Bezüge nach § 20 Abs. 1 Nr. 1 oder 2 EStG zu den Einnahmen aus Kapitalvermögen gehören.

Der Gewinn aus der Veräußerung einer Beteiligung ist nicht durch Betriebsvermögensvergleich, sondern gemäß § 17 Abs. 2 EStG aufgrund einer Stichtagsbewertung aller in dieser Vorschrift genannten Faktoren auf den Zeitpunkt der Entstehung des Gewinns oder Verlustes zu ermitteln.

Der Gewinn i. S. d. § 17 EStG ergibt sich aus einer Gegenüberstellung des Veräußerungspreises (im Fall der Auflösung der GmbH: des gemeinen Wertes des dem Gesellschafter zugeteilten Vermögens) und der Veräußerungskosten einerseits sowie der Anschaffungskosten der Beteiligung andererseits. Aufwendungen, die nicht einem dieser Faktoren zugeordnet werden können, scheiden bei der Gewinnermittlung nach § 17 EStG aus. Die Berücksichtigung von Betriebsausgaben ist bei dieser Einkunftsart nicht möglich.

Die Vorschriften über die Ermittlung des laufenden Gewinns aus Gewerbebetrieb (§§ 4 ff. EStG) oder eines Veräußerungsgewinns nach § 16 EStG sind im Rahmen der Gewinnermittlung nach § 17 EStG nur mit Einschränkungen heranzuziehen. Sie sind nur insoweit anwendbar, als dies mit der Eigenart der Gewinnermittlung nach § 17 EStG vereinbar ist.
ENDE

Testbogen 1 – Veräußerung von Anteilen an einer GmbH

Zeit:
… Min … Sek
memorierter Inhalt:

....
....
....
....

4.9 Lesetests zur Fortschrittsmessung

....
....
....
....

erreichte Punktzahl: ... von 100 = ... % Textverständnis/Texterinnerung
Ihre Lesezeit: ... Min. und ... Sek. = ... Sekunden
Lesegeschwindigkeit: 45.720[19] : Lesezeit Sek = ... Wörter pro Minute (W/M)
bei ... % Textverständnis/Texterinnerung

Bitte tragen Sie das Ergebnis in die Fortschrittstabelle am Ende des Kapitels ein.

Lösungsbogen – Veräußerung von Anteilen an einer GmbH

Inhalt in Stichpunkten	Maximale Punktzahl	Erreichte Punktzahl
Gewinn aus Veräußerung von GmbH-Anteilen: Einkünfte aus Gewerbebetrieb nach § 17 Abs. 1 S. 1 EStG, wenn in den letzten fünf Jahren am Kapital zu mindestens 1 % beteiligt	10	
Verdeckte Einlage von Anteilen an einer Kapitalgesellschaft in eine Kapitalgesellschaft steht Veräußerung der Anteile gleich, § 17 Abs. 1 S. 2 EStG.	10	
Kapitalmäßige Bestimmung des Begriffs der wesentlichen Beteiligung	5	
Ständige Rechtsprechung des BFH: Anteile an einer GmbH sind Geschäftsanteile i. S. d. §§ 5 und 14 GmbHG;	1	
Höhe des Anteils nach Betrag der übernommenen Stammeinlage	1	
Einflussmöglichkeiten eines Gesellschafters auf Kapitalgesellschaft sowie abweichende Vereinbarungen ohne Bedeutung für Bestimmung der wesentlichen Beteiligung	2	
Nomineller Anteil an Stammkapital maßgeblich	1	
Unentgeltlicher Erwerb der veräußerten Anteile innerhalb der letzten 5 Jahre vor Veräußerung: grundsätzlich § 17 Abs. 1 S. 1 EStG entsprechend	10	
Bestimmung des Veräußerungsgewinns i. S. d. § 17 Abs. 1 EStG:	4	
Differenz von Veräußerungspreis abzüglich Veräußerungskosten und Anschaffungskosten	4	
Bei unentgeltlichem Erwerb: Anschaffungskosten des Rechtsvorgängers	2	
Veräußerungsverlust grundsätzlich nicht zu berücksichtigen, soweit Anteile	2	
Innerhalb der letzten fünf Jahre unentgeltlich erworben wurden;	4	

---

[19] 762 Wörter × 60 Sek. = 45.720.

Inhalt in Stichpunkten	Maximale Punktzahl	Erreichte Punktzahl
Entgeltlich erworben und nicht innerhalb der gesamten letzten fünf Jahre zu einer Beteiligung des Steuerpflichtigen i.S.v. § 17 Abs. 1 S. 1 EStG gehört haben.	4	
Eingeschränkte Heranziehung des Veräußerungserlöses zur Einkommensteuer bzw. Ermäßigung des Freibetrags, § 17 Abs. 3 EStG	10	
Entsprechende Anwendung von § 17 I-III EStG auf Auflösung der Kapitalgesellschaft und weitere Fälle nach § 17 IV EStG	8	
Keine entsprechende Anwendung nach § 17 IV, soweit Bezüge nach § 20 Abs. 1 Nr. 1 oder 2 EStG Einnahmen aus Kapitalvermögen sind	2	
Gewinn aus Veräußerung durch Stichtagsbewertung zu bewerten, nicht Betriebsvermögensvergleich, § 17 Abs. 2 EStG.	10	
Gewinnermittlungsvorschriften §§ 4 ff. EStG oder § 16 EStG nur eingeschränkt heranzuziehen	8	
Nur heranzuziehen, soweit mit Eigenart der Gewinnermittlung nach § 17 EStG vereinbar	2	
	100	

4.9.2 Text 2 – Grundlagen der Besteuerung – die Gewinnermittlung

START

Gesetzliche Grundlagen Das Dritte Buch des HGB (§§ 238 – 342e HGB) enthält schwerpunktmäßig alle Vorschriften über den Einzel- und den Konzernabschluss, die Pflichten und Regelungen zur Aufstellung des Jahresabschlusses, des Konzernabschlusses sowie der sonstigen Unterlagen einschließlich der Aufstellungsfristen und der Pflichten zur Prüfung sowie Offenlegung des Jahresabschlusses. Es handelt sich dabei um die zentralen Regelungen der Rechnungslegung. Das GmbHG enthält dazu ergänzende Vorschriften, die speziell für Unternehmen in der Rechtsform der GmbH gelten. Steuerrechtlich sind zudem die Regelungen in den §§ 140 – 148 AO betreffend Führung von Büchern und Aufzeichnungen zu beachten.

Die GmbH ist als Formkaufmann (§ 6 Abs. 1 HGB, § 13 Abs. 3 GmbHG) verpflichtet, Bücher zu führen (§ 238 Abs. 1 HGB). Diese Verpflichtung ist unabhängig von der Größe des Unternehmens und der ausgeübten Tätigkeit. Die Buchführung muss so beschaffen sein, dass sie einem sachverständigen Dritten innerhalb angemessener Zeit einen Überblick über die Geschäftsvorfälle und über die Lage des Unternehmens vermitteln kann. Dabei müssen sich die Geschäftsvorfälle in ihrer Entstehung und Abwicklung verfolgen lassen.

Ergänzend bestimmt § 140 AO: Wer nach anderen Gesetzen als den Steuergesetzen Bücher und Aufzeichnungen zu führen hat, die für die Besteuerung von Bedeutung sind, hat die Verpflichtungen, die ihm nach den anderen Gesetzen obliegen, auch für die Besteuerung zu erfüllen.

Die Eintragungen in Büchern und die sonst erforderlichen Aufzeichnungen müssen vollständig, richtig, zeitgerecht und geordnet vorgenommen werden (§ 239 Abs. 2 HGB). Dabei bestimmt sich die Frage, welche Handelsbücher zu führen sind, nach den Grundsätzen ordnungsmäßiger Buchführung.

Um die in § 239 HGB vorgeschriebene vollständige Erfassung aller Geschäftsvorfälle sich sicher zu stellen, müssen diese in Grundbüchern chronologisch dokumentiert werden. Dies erfordert, dass für jeden Geschäftsvorfall regelmäßig folgende Daten festzuhalten sind: Datum, Beleghinweis, Vorgang, Konto, Gegenkonto und Betrag. Ferner sind die Geschäftsvorfälle nach sachlichen Kriterien in den sogenannten Hauptbüchern, die in der Regel aus den Sachbüchern bestehen, zu erfassen. Den Konten ist ein nach den individuellen Verhältnissen ausreichend tief gegliederter Kontenrahmen zugrunde zu legen. Neben den Hauptbüchern müssen Nebenbücher geführt werden, um bestimmte Einzelinformationen zu erfassen, z. B. die Kontokorrentbuchhaltung (Einzeldarstellung der Forderungen und Verbindlichkeiten), die Kassenbuchhaltung, die Lohn- und Gehaltsbuchhaltung, die Anlagen-und die Lagerbuchhaltung.

Gesetzlich ist kein bestimmtes Buchführungssystem vorgeschrieben. Üblich ist jedoch, dass sich kaufmännische Unternehmen der doppelten Buchführung bedienen. Dieses Buchführungssystem gewährleistet, dass der Erfolg in einem geschlossenen System in zweifacher Weise ermittelt wird, nämlich erstens durch die Erfolgskonten und zweitens durch den Vergleich des Vermögens am Ende und am Anfang des Geschäftsjahres.

Die in § 239 HGB festgelegte Dokumentationspflicht der Geschäftsvorfälle hat zum Inhalt, dass keine Buchung ohne Beleg vorgenommen werden darf (Belegprinzip). Dabei muss der Buchungsbeleg die notwendigen Informationen zu der vorzunehmenden Buchung als Nachweis des Geschäftsvorfalles enthalten.

Handelsrechtlich ist nicht vorgeschrieben, wo die Bücher zu führen sind. Für steuerliche Zwecke bestimmt jedoch § 146 Abs. 2 AO, dass dies im Inland zu geschehen hat. Dieser Grundsatz gilt jedoch nicht, soweit für Betriebsstätten außerhalb der Bundesrepublik Deutschland nach dortigem Recht eine solche Verpflichtung besteht und erfüllt wird; die Ergebnisse der dortigen Buchführung müssen dann jedoch in die Buchführung des inländischen Unternehmens übernommen werden, soweit sie für die Besteuerung von Bedeutung sind.

Die Buchungen und die sonst erforderlichen Aufzeichnungen sind in einer lebenden Sprache vorzunehmen. Wird eine andere als die deutsche Sprache verwendet, kann die Finanzbehörde Übersetzungen verlangen. Werden Abkürzungen, Ziffern, Buchstaben oder Symbole verwendet, muss im Einzelfall deren Bedeutung eindeutig festliegen (§ 146 Abs. 3 AO).

Es ist gesetzlich nicht vorgeschrieben, in welcher Währung die Buchungen erfolgen müssen. Lediglich der Jahresabschluss ist zwingend in Euro aufzustellen (§ 244 HGB).

Eintragungen oder Aufzeichnungen dürfen nicht in einer Weise verändert werden, dass der ursprüngliche Inhalt nicht mehr feststellbar ist (§ 239 Abs. 3 HGB).

Die Handelsbücher und die sonst erforderlichen Aufzeichnungen können auch in der geordneten Ablage von Belegen bestehen oder auf Datenträgern geführt werden, soweit diese Formen der Buchführung einschließlich des dabei angewandten Verfahrens den Grundsätzen ordnungsmäßiger Buchführung entsprechen. Bei der Führung der Handelsbücher und der sonst erforderlichen Aufzeichnungen auf Datenträgern muss insbesondere sichergestellt sein, dass die Daten während der Dauer der Aufbewahrungsfrist verfügbar sind und jederzeit innerhalb angemessener Frist lesbar gemacht werden können (§ 239 Abs. 4 HGB). Zusätzlich regelt § 146 Abs. 5 AO, dass bei Aufzeichnungen, die allein nach den Steuergesetzen vorzunehmen sind, sich die Zulässigkeit des angewendeten Verfahrens nach dem Zweck bestimmt, den die Aufzeichnungen für die Besteuerung erfüllen sollen.

Im Hinblick darauf, dass die Buchführung inzwischen in der Praxis überwiegend automatisiert erfolgt und eine manuelle Buchführung nur noch in Ausnahmefällen anzutreffen ist, hat der Gesetzgeber in § 147 Abs. 6 AO für steuerliche Zwecke weitere Regelungen getroffen. Sind die Unterlagen (Bücher und Aufzeichnungen, Inventare, Jahresabschlüsse, Lageberichte, Eröffnungsbilanz, Arbeitsanweisungen und Organisationsunterlagen, Handels- und Geschäftsbriefe, Buchungsbelege, Zollanmeldungen und sonstige Unterlagen, soweit sie für die Besteuerung von Bedeutung sind) mit Hilfe eines Datenverarbeitungssystems erstellt worden, hat die Finanzbehörde im Rahmen einer Außenprüfung das Recht, Einsicht in die gespeicherten Daten zu nehmen und das Datenverarbeitungssystem zur Prüfung dieser Unterlagen zu nutzen.

ENDE

Testbogen 2 – Grundlagen der Besteuerung – die Gewinnermittlung

Zeit:
… Min … Sek
memorierter Inhalt:

....
....
....
....
....
....
....
....

erreichte Punktzahl: … von 100 = … % Textverständnis/Texterinnerung
Ihre Lesezeit: … Min. und … Sek. = ……… Sekunden
Lesegeschwindigkeit: 48.480[20]: Lesezeit Sek = ……… Wörter pro Minute (W/M)
                     bei … % Textverständnis/Texterinnerung

Bitte tragen Sie das Ergebnis in die Fortschrittstabelle am Ende des Kapitels ein.

---

[20] 808 Wörter × 60 Sek. = 48.480.

Lösungsbogen – Grundlagen der Besteuerung – die Gewinnermittlung

Inhalt in Stichpunkten	Maximale Punktzahl	Erreichte Punktzahl
Vorschriften über Pflichten und Regelungen der Rechnungslegung (alt.: Paragraphen des Jahresabschlusses) im Dritten Buch des HGB, §§ 283 – 342e HGB	6	
Für GmbH ergänzende Vorschriften im GmbHG.	2	
Steuerrechtliche Normen in den §§ 140 – 148 AO.	2	
Verpflichtung der GmbH, Bücher zu führen (alt.: Jahresabschluss), § 238 Abs. 1 HGB.	6	
Unabhängig von Größe und ausgeübter Tätigkeit	2	
Funktion: Möglichkeit für Dritten, innerhalb angemessener Zeit Überblick über Geschäftsvorfälle und Lage des Unternehmens zu bekommen	2	
Vollständige, richtige, zeitgerechte und geordnete Eintragung und Aufzeichnung, § 239 HGB	10	
Erfassungspflicht aller Geschäftsvorfälle in verschiedenen Büchern	6	
Chronologisch in Grundbüchern: bestimmte Daten	2	
Sachlich in Haupt- und Nebenbüchern	2	
Kein Buchungssystem vorgeschrieben, üblich: doppelte Buchführung	10	
Belegprinzip wegen Dokumentationspflicht	10	
Modalitäten der Buchführungspflicht:		
Ort der Buchungspflicht: Inland	5	
Aufzeichnungen in lebender Sprache und in Euro	5	
Vorschriften über Pflichten und Regelungen der Rechnungslegung (alt.: Paragraphen des Jahresabschlusses) im Dritten Buch des HGB, §§ 283 – 342e HGB.	6	
Für GmbH ergänzende Vorschriften im GmbHG	2	
Steuerrechtliche Normen in den §§ 140–148 AO.	2	
Verpflichtung der GmbH, Bücher zu führen (alt.: Jahresabschluss), § 238 Abs. 1 HGB.	6	
Unabhängig von Größe und ausgeübter Tätigkeit	2	
Funktion: Möglichkeit für Dritten, innerhalb angemessener Zeit Überblick über Geschäftsvorfälle und Lage des Unternehmens zu bekommen.	2	
Vollständige, richtige, zeitgerechte und geordnete Eintragung und Aufzeichnung, § 239 HGB.	10	
	100	

4.9.3 Text 3 – Verdeckte Gewinnausschüttungen bei Organgesellschaften

Abzug des dem Organträger zuzurechnenden Einkommens (§§ 14, 17 und 18 KStG)

= Gesamtbetrag der Einkünfte
- bei der übernehmenden Körperschaft im Jahr des Vermögensübergangs zu berücksichtigender Verlust
- Verlustabzug nach § 10d EStG
= Einkommen
- Freibetrag für bestimmte Körperschaften (§ 24 KStG)
= zu versteuerndes Einkommen

Für GmbHs, die auch andere Einkünfte als gewerbliche haben, gelten entsprechend abweichende Regelungen.

START

Der Begriff „verdeckte Gewinnausschüttung" ist im Gesetz nicht definiert, sondern wurde durch die Rechtsprechung entwickelt. Das BVerfG hält den Begriff der verdeckten Gewinnausschüttung zudem als unbestimmten Rechtsbegriff verfassungsrechtlich für unbedenklich und ferner durch die Rechtsprechung seit Jahrzehnten als einheitlich interpretiert.[21]

Eine verdeckte Gewinnausschüttung (§ 8 Abs. 3 Satz 2 KStG) ist begrifflich eine Vermögensminderung oder verhinderte Vermögensmehrung der GmbH, die durch das Gesellschaftsverhältnis veranlasst ist, sich auf die Höhe des Unternehmensgewinns auswirkt und nicht auf einem den gesellschaftsrechtlichen Vorschriften entsprechenden Gewinnverteilungsbeschluss beruht.[22] Diese Definition hat der BFH[23] noch dahingehend verfeinert, dass die Vermögensminderung der GmbH die Eignung haben müsse, im Fall ihrer „Erfüllung" bei dem begünstigten Gesellschafter einen Beteiligungsertrag i. S. d. § 20 Abs. 1 Nr. 1 Satz 2 EStG auszulösen.

Die verdeckte Gewinnausschüttung wirkt sich steuerlich bei der GmbH durch die Erhöhung ihres der KSt, GewSt und dem Solidaritätszuschlag unterliegenden steuerlichen Einkommens aus. Ferner wirkt sie sich bei dem der ESt, der Kirchensteuer und dem Solidaritätszuschlag unterliegenden Gesellschafter, dem die verdeckte Gewinnausschüttung zugeflossen ist, durch Erfassung einer gemäß der §§ 20 Abs. 1 Nr. 1 Sätze 2, 3 Nr. 40 Buchst. d EStG im Halbeinkünfteverfahren steuerpflichtigen Einnahme aus (Doppel- oder Korrespondenzwirkung der verdeckten Gewinnausschüttung). Ist der vorteilsempfangende Gesellschafter eine Kapitalgesellschaft oder eine sonstige Körperschaft, ist bei ihm der Ertrag aus der verdeckten Gewinnausschüttung gemäß § 8 Abs. 1 KStG steuerfrei.

---

[21] BVerfG 08.12.1992, BVerfGE 1993, 278.
[22] BFH 23.05.1984, I R 294/81, BStBl 1984 II, 673; 22.02.1989, I R 44/85, BStBl 1989 II, 475.
[23] BFH 07.08.2002, I R 2/02, BStBl 2004 II, 131.

Durch eine verdeckte Gewinnausschüttung werden Gesellschaftern Vermögensvorteile in einer Form zugeführt, in der sie äußerlich nicht als ausgeschüttet erscheinen, sondern hinter einer anderen Bezeichnung verborgen sind (verschleierte Betriebsausgaben). Die Zweckrichtung, ob die Leistung an den Gesellschafter aus betrieblichen Gründen oder mit Rücksicht auf das Gesellschaftsverhältnis gewährt wird, kann nur anhand der objektiv nach außen in Erscheinung tretenden Merkmale des Einzelfalles festgestellt werden.[24]

Die Vermögensminderung bzw. verhinderte Vermögensmehrung muss grundsätzlich zugunsten eines GmbH-Gesellschafters erfolgen. Eine verdeckte Gewinnausschüttung ist aber auch dann anzunehmen, wenn die Leistung zwar vor Begründung des Gesellschaftsverhältnisses erbracht wird, ihren Grund aber in diesem Gesellschaftsverhältnis hat. Das gilt jedenfalls dann, wenn die Leistung in engem zeitlichen Zusammenhang mit der Begründung des Gesellschaftsverhältnisses steht und der Empfänger dann auch tatsächlich Anteilseigner wird.[25] Entsprechend kann eine Vorteilsgewährung auch an einen ehemaligen Anteilseigner als verdeckte Gewinnausschüttung gewertet werden, wenn sie durch das frühere Gesellschaftsverhältnis veranlasst ist. Die verdeckte Gewinnausschüttung wird dann dem ehemaligen Anteilseigner zugerechnet. Eine Veranlassung durch das Gesellschaftsverhältnis ist sogar dann gegeben, wenn die Vermögensminderung oder verhinderte Vermögensmehrung bei der GmbH zugunsten einer einem Gesellschafter nahe stehenden Person erfolgt. Die Unterscheidung zwischen einer Vorteilsziehung durch einen beherrschenden Gesellschafter und einer solchen durch eine ihm nahe stehende Person rechtfertigt keine unterschiedliche Beurteilung der verdeckten Gewinnausschüttung.[26]

Eine Vermögensminderung bzw. verhinderte Vermögensmehrung ist z. B. anzunehmen, wenn die GmbH entweder Aufwand tätigt, der steuerrechtlich unter Veranlassungsgesichtspunkten als Einkommensverteilung an die Gesellschafter zu beurteilen ist, oder wenn sie für eine von ihr erbrachte Leistung kein angemessenes Entgelt erhält.

Im Verhältnis zwischen Gesellschaft und beherrschendem Gesellschafter ist eine Veranlassung durch das Gesellschaftsverhältnis in der Regel anzunehmen, wenn es an einer zivilrechtlich wirksamen, klaren, eindeutigen und im Voraus abgeschlossenen Vereinbarung darüber fehlt, ob und in welcher Höhe ein Entgelt für eine Leistung des Gesellschafters zu zahlen ist, oder wenn nicht einer klaren Vereinbarung entsprechend verfahren wird.[27] Die beherrschende Stellung muss im Zeitpunkt der Vereinbarung oder des Vollzugs der Vermögensminderung oder verhinderten Vermögensmehrung vorliegen.

Die verdeckte Gewinnausschüttung setzt nicht notwendigerweise eine Bereicherung des Gesellschafters voraus.[28]

Die Vermögenseinbuße der GmbH aufgrund einer verdeckten Gewinnausschüttung ist mit Hilfe der Steuerbilanz zu ermitteln, indem sie ohne Berücksichtigung der Rechtsfol-

---

[24] BFH 23.05.1984, I R 294/81, BStBl 1984 II, 673.
[25] BFH 24.01.1989, VIII R 74/84, BStBl 1989 II, 419.
[26] BFH 01.10.1986, I R 54/83, BStBl 1987 II, 459; 29.04.1987, I R 192, BStBl 1988 II, 786; 22.02.1989, I R 9/85, BStBl 1989 II, 631.
[27] BFH 22.02.1989, I R 44/85, BStBl 1989 II, 475.
[28] BFH 16.02.1977, I R 132/75, BStBl 1977 II, 444.

gen aus § 8 Abs. 3 Satz 2 KStG unter Anwendung des Maßgeblichkeitsgrundsatzes (§ 5 Abs. 1 EStG) aufgestellt wird.

Der nach diesem Grundsatz ermittelte Steuerbilanzgewinn ist mit dem Gewinn zu vergleichen, der sich bei dem Ansatz des Aufwandes als Ausschüttung bzw. bei der Erfassung der verhinderten Vermögensmehrung als Einnahme ergibt. Die Vermögensminderung bzw. verhinderte Vermögensmehrung besteht in Höhe des sich danach ergebenden Differenzbetrages.

Bei einer verhinderten Vermögensmehrung tritt der Vermögensabfluss zeitlich gesehen in dem Augenblick ein, in dem sich die verhinderte Vermögensmehrung bei einer unterstellten angemessenen Entgeltvereinbarung nach allgemeinen Realisationsgrundsätzen gewinnerhöhend ausgewirkt hätte.[29]

Für den größten Teil der entschiedenen Fälle hat der BFH eine Veranlassung der Vermögensminderung durch das Gesellschaftsverhältnis angenommen, wenn die Kapitalgesellschaft ihrem Gesellschafter einen Vermögensvorteil zuwendet, den sie bei der Anwendung der Sorgfalt eines ordentlichen und gewissenhaften Geschäftsleiters einem Nichtgesellschafter nicht gewährt hätte.[30] Ist allerdings der begünstigte Gesellschafter ein beherrschender, so kann eine verdeckte Gewinnausschüttung auch dann anzunehmen sein, wenn die Kapitalgesellschaft eine Leistung an ihn erbringt, für die es an einer klaren und im Voraus getroffenen Vereinbarung fehlt.[31] In einem solchen Fall besteht wegen des fehlenden Interessengegensatzes zwischen der Gesellschaft und dem beherrschenden Gesellschafter die Möglichkeit, den Gewinn der Gesellschaft mehr oder weniger beliebig festzusetzen und ihn so zu beeinflussen, wie es bei der steuerlichen Gesamtbetrachtung der Einkommen der Gesellschaft einerseits und des Gesellschafters andererseits am günstigsten ist.[32]

Eine verdeckte Gewinnausschüttung liegt nicht vor, wenn die Zuwendung ihre Ursache nicht im Gesellschaftsverhältnis hat, sondern betriebliche Gründe für sie ausschlaggebend waren.[33] Der GmbH ist dabei ein gewisser Spielraum kaufmännischen Ermessens einzuräumen.[34]

Nicht Voraussetzung für die Annahme einer verdeckten Gewinnausschüttung und ohne Belang für die Einkommensermittlung ist, ob dem Gesellschafter ein Vermögensvorteil zugeflossen ist und bei diesem dadurch Einkünfte aus Kapitalvermögen entstehen.[35] § 8 Abs. 3 KStG regelt lediglich die Einkommenszurechnung bei der GmbH und macht diese nicht davon abhängig, dass hinsichtlich des zugerechneten Betrags die Ausschüttungsbelastung herzustellen ist.[36]

---

[29] BFH 23.06.1993, I R 72/92, BStBl 1993 II, 801.
[30] BFH 16.03.1967, I 261/63, BStBl 1967 III, 626.
[31] BFH 14.03.1990, I R 6/89, BStBl 1990 II, 795.
[32] BFH 26.04.1989, I R 172/87, BStBl 1989 II, 673.
[33] BFH 01.04.1971, I R 129-131/69, BStBl 1971 II, 538.
[34] BFH 27.11.1974, I R 250/72, BStBl 1975 II, 306.
[35] BFH 22.02.1989, I R 9/85, BStBl 1989 II, 631.
[36] BFH 09.08.1989, I R 4/84, BStBl 1990 II, 237.

Fließt dem Gesellschafter tatsächlich ein Vermögensvorteil zu, so finden die Rechtsfolgen der §§ 27 ff. KStG Anwendung. Danach ist im Wirtschaftsjahr des Zuflusses die Ausschüttungsbelastung herzustellen (§ 28 Abs. 2 Satz 2 KStG).

Aufwendungen, die durch die Zuführung der verdeckten Gewinnausschüttung an den Gesellschafter ausgelöst werden, sind keine Betriebsausgaben der GmbH.

ENDE

Testbogen 3 – Verdeckte Gewinnausschüttungen

Zeit:
… Min … Sek
memorierter Inhalt:

....
....
....
....
....
....
....
....
....
....
....

erreichte Punktzahl: … von 100 = … % Textverständnis/Texterinnerung
Ihre Lesezeit: … Min. und … Sek. = ……… Sekunden
Lesegeschwindigkeit: 48.480[37] : Lesezeit Sek = ……… Wörter pro Minute (W/M)
bei … % Textverständnis/Texterinnerung

Bitte tragen Sie das Ergebnis in die Fortschrittstabelle am Ende des Kapitels ein.

---

[37] 808 Wörter × 60 Sek. = 48.480.

Lösungsbogen – Verdeckte Gewinnausschüttung

Inhalt in Stichpunkten	Maximale Punktzahl	Erreichte Punktzahl
Begriff und Voraussetzungen „Verdeckte Gewinnausschüttung" i. S. d. § 8 Abs. 3 S. 2 KStG	4	
Durch Rechtsprechung entwickelt, verfassungsgemäßer unbestimmter Rechtsbegriff	1	
Vermögensminderung oder verhinderte Vermögensmehrung der GmbH	1	
Durch das Gesellschaftsverhältnis veranlasst	1	
Mit Auswirkung auf Höhe des Unternehmensgewinns	1	
Nicht auf vorschriftsmäßigem Gewinnverteilungsbeschluss beruhend	1	
BFH für Fall der Vermögensminderung: Eignung, einen Beteiligungsertrag i.S.d § 20 Abs. 1 Nr. 1 S. 2 EStG auszulösen	1	
Wirkung: Erhöhung des steuerlichen Einkommens bei GmbH und Gesellschafter (Gesellschafter eine Kapitalgesellschaft: Ertrag steuerfrei)	5	
Bei GmbH: KStG, GewSt, Solidaritätszuschlag	1	
Bei begünstigtem Gesellschafter: ESt, KirchenSt, Solidaritätszuschlag durch im Halbeinkünfteverfahren steuerpflichtigen Einnahme nach §§ 20 Abs. 1 Nr. 1 S. 2, 3 Nr. 40 Buchstabe d EStG	1	
Bei Kapitalgesellschaft als begünstigtem Gesellschafter: steuerfrei nach § 8 Abs. 1 KStG	1	
Vermögensvorteile als „verschleierte Betriebsausgaben" (Alternative: Vermögensvorteile an Gesellschafter erscheinen äußerlich nicht als ausgeschüttet)	2	
Vermögensmehrung oder -minderung zugunsten eines GmbH-Gesellschafters	6	
Auch, wenn Leistung vor Begründung des Gesellschaftsverhältnisses, soweit Grund im späteren Gesellschaftsverhältnis	2	
Auch an ehemaligen Anteilseigner, soweit durch früheres Gesellschaftsverhältnis veranlasst	2	
Vermögensmehrung oder -minderung zugunsten einer dem Gesellschafter nahe stehenden Person als „Veranlassung durch Geschäftsverhältnis".	10	
Fehlen oder Nichtbefolgen einer wirksamen, klaren, eindeutigen und im Voraus abgeschlossenen Vereinbarung über Entgelt: Vermutung der „Veranlassung durch Geschäftsverhältnis" bei beherrschendem Gesellschafter	10	
Ermittlung der Vermögenseinbuße der Gesellschaft anhand der Steuerbilanz	6	

4.9 Lesetests zur Fortschrittsmessung

Inhalt in Stichpunkten	Maximale Punktzahl	Erreichte Punktzahl
Differenzbetrag ZWISCHEN Steuerbilanzgewinn ohne Rechtsfolgen nach § 8 Abs. 3 2 KStG unter Anwendung des Maßgeblichkeitsgrundsatzes § 5 Abs. 1 UND Bilanzgewinn bei Ansatz des Aufwands als Ausschüttung bzw. Erfassung der verhinderten Vermögensmehrung als Einnahme	2	
Zeitpunkt des Vermögensabflusses bei verhinderter Vermögensmehrung: gewinnerhöhende Auswirkung nach allgemeinen Realisationsgrundsätzen bei unterstellter angemessener Entgeltsvereinbarung.	2	
BFH-Fälle zur Vermutung der „Veranlassung durch Gesellschaftsverhältnis":	2	
Soweit Vorteil einem Nichtgesellschafter bei Anwendung der Sorgfalt eines ordentlichen und gewissenhaften Geschäftsleiters nicht gewährt worden wäre.	4	
Wenn der Begünstigte ein beherrschender Gesellschafter ist und eine klare und im Voraus getroffene Vereinbarung fehlt	4	
Keine verdeckte Gewinnausschüttung bei betrieblichen Gründen für Zuwendung (Alternative: Spielraum für kaufmännisches Ermessen)	10	
Bereicherung des Gesellschafters bzw. Vermögensvorteil als Einkünfte aus Kapitalvermögen für Vorliegen einer verdeckten Gewinnausschüttung irrelevant	8	
Bei tatsächlichem Vermögensvorteil nach den §§ 27 ff. KStG Ausschüttungsbelastung herzustellen, § 28 Abs. 2 S. 2 KStG	2	
Aufwendungen der verdeckten Gewinnausschüttung keine Betriebsausgaben	10	
	100	

4.9.4 Text 4 – Steuerpflicht der in Großbritannien und Deutschland tätigen Limited

START

Eine Limited ohne Geschäftsleitung in Deutschland ist beschränkt steuerpflichtig, wenn sie Einkünfte i. S. d. § 49 EStG bezieht. Im Regelfall werden dies Einkünfte aus einer deutschen Betriebsstätte sein (§ 49 Abs. 1 Nr. 2 EStG), es ist jedoch auch denkbar, dass die Limited in Deutschland Einkünfte aus Vermietung und Verpachtung hat (§ 49 Abs. 1 Nr. 6 EStG).

1. Beschränkte Steuerpflicht mit Betriebsstättengewinnen
   Hat die Limited ihren Satzungssitz und eine Betriebsstätte in Großbritannien und daneben noch eine Betriebsstätte in Deutschland, so bleibt sie in Großbritannien unbeschränkt steuerpflichtig. Die deutsche Betriebsstätte hat in diesem Fall auf die unbe-

schränkte Steuerpflicht in Großbritannien keinerlei Einfluss. Mit der deutschen Betriebsstätte ist die Limited in Deutschland beschränkt steuerpflichtig.

▸ **Praxishinweis** Die in Großbritannien und Deutschland tätige Limited hat in beiden Ländern Steuererklärungen abzugeben:
In Großbritannien unterliegt die Limited der unbeschränkten Steuerpflicht und hat entsprechende Steuererklärungen abzugeben. In Deutschland ist die Limited mit dem Gewinn ihrer deutschen Betriebsstätte beschränkt steuerpflichtig (§ 2 Nr. 1 KStG) und hat eine Steuererklärung für beschränkt Steuerpflichtige abzugeben.

Da die Limited in Großbritannien und in Deutschland steuerpflichtig ist, kommt das DBA/GB zur Anwendung. Nach Art. 3 DBA/GB besteht in beiden Staaten Steuerpflicht, wenn ein Unternehmen mit Geschäftsleitung in einem Staat (hier: Großbritannien) in dem anderen Staat (hier: Deutschland) eine gewerbliche Tätigkeit durch eine dort belegene Betriebsstätte ausübt.

▸ **Praxishinweis** Da in Großbritannien die Körperschaftsteuer (noch) wesentlich niedriger ist, als in Deutschland, wird die Limited oft werbewirksam als „Steuersparmodell" angepriesen. Hier ist jedoch höchste Vorsicht geboten. In den Genuss der niedrigen englischen Besteuerung kommt die Limited nur insoweit, als sie in Großbritannien tatsächlich eine Geschäftsleitung (place of effective management) hat. Treuhandlösungen und Briefkastenadressen reichen insoweit nicht aus!

Im Rahmen der für 2008 geplanten Unternehmensteuerreform ist ein Absenken der Körperschaft-/Gewerbesteuerbelastung in Deutschland von rd. 38,65 % auf rd. 29,83 % geplant. Problematisch ist die Abgrenzung, wann in Deutschland eine Betriebsstätte anzunehmen ist und welche Umsätze und Gewinne dieser deutschen Betriebsstätte zuzurechnen sind. Da in Großbritannien die Steuersätze günstiger sind, wird die deutsche Finanzverwaltung genau prüfen, ob Gewinne von der deutschen Betriebsstätte in die englische Betriebsstätte „verlagert" wurden.[38]

2. Beschränkte Steuerpflicht mit anderen Einkünften
Auch wenn die Limited in Deutschland keine Betriebsstätte hat, kann sie mit anderen Einkünften, die sie aus Deutschland bezieht, in Deutschland beschränkt steuerpflichtig sein. Beispiel: Die C-Ltd., deren Verwaltungssitz und Geschäftsleitung sich in London befinden, ist Eigentümerin eines in Berlin belegenen vermieteten Mehrfamilienhauses. Die C-Ltd. ist in Großbritannien unbeschränkt steuerpflichtig. Mit den Einkünften aus dem Mehrfamilienhaus in Deutschland ist sie – daneben – in Deutschland beschränkt steuerpflichtig. Dabei gilt die isolierende Betrachtungsweise des § 49 Abs. 2 EStG, sodass

---

[38] Vgl. Referentenentwurf v. 05.02.2007 des Unternehmensteuerreformgesetzes.

die C-Ltd. im Rahmen der beschränkten Steuerpflicht Einkünfte aus Vermietung und Verpachtung und nicht etwa aus Gewerbebetrieb erzielt. Abwandlung: Das vermietete Grundstück gehört zu einer inländischen Betriebsstätte der C-Ltd. Lösung: Auch die Einkünfte aus der Grundstücksvermietung stellen gewerbliche Einkünfte dar, mit denen die C-Ltd. beschränkt steuerpflichtig ist. Isolierende Betrachtungsweise i. S. d. § 49 Abs. 2 EStG bedeutet, dass im Ausland gegebene Besteuerungsmerkmale außer Betracht bleiben, soweit bei ihrer Berücksichtigung inländische Einkünfte nach § 49 Abs. 1 EStG nicht angenommen werden könnten (vgl. R 223 EStR).
3. Besteuerungsrecht für das Director-Gehalt
Hat der Director einer Limited, die entweder nur in Großbritannien oder sowohl in Großbritannien als auch in Deutschland tätig ist, seinen Wohnsitz in Deutschland, sollten die Gehaltszahlungen an den Director genauer betrachtet werden. Für den Fall, dass die in England ansässige und tätige Limited an ihren Director, der seinen Wohnsitz in Deutschland hat, Gehalt zahlt, ist Art. XI Abs. 3 DBA/GB zu beachten. Nach dieser Regelung werden Vergütungen, die eine in einem der Gebiete ansässige Person (hier: Director mit Wohnsitz in Deutschland) für eine in dem anderen Gebiet ausgeübte unselbstständige Arbeit bezieht (hier: Gehalt für Tätigkeit in Großbritannien), nur in dem erstgenannten Gebiet (hier: Deutschland) besteuert, wenn
- der Empfänger sich in dem anderen Gebiet nicht länger als 183 Tage während des betreffenden Steuerjahres aufhält,
- die Vergütungen von einem Arbeitgeber oder für einen Arbeitgeber gezahlt werden, der nicht in dem anderen Gebiet ansässig ist, und
- die Vergütungen nicht vom Gewinn einer Betriebsstätte oder festen Einrichtung abgezogen werden, die der Arbeitgeber in dem anderen Gebiet hat.

Damit liegt das Besteuerungsrecht für eine Tätigkeit, die ein Director mit deutschem Wohnsitz in Großbritannien ausübt, nach dem Arbeitsortprinzip grundsätzlich bei Großbritannien. Deutschland hingegen hat das Besteuerungsrecht, wenn alle drei Bedingungen der sog. 183-Tage-Klausel erfüllt sind. Mit anderen Worten: Ist eine der drei Bedingungen der 183-Tage-Klausel nicht erfüllt, verbleibt es beim Besteuerungsrecht in Großbritannien und der Director kann so die niedrigeren englischen Steuersätze nutzen.[39]
ENDE

Testbogen 4 – Steuerpflicht der in Großbritannien und Deutschland tätigen Limited

Zeit:
… Min … Sek
memorierter Inhalt:

....
....

---

[39] BMF v. 14.9.2006 – IV B 6 – S-1300 – 367/06, BStBl. I 2006, 532, Rn. 4.1 ff.; Luke, S. 72 ff., Heinz, S. 95 Rn. 63. > N N N.

....
....
....
....
....
....
....

erreichte Punktzahl: ... von 100 = ... % Textverständnis/Texterinnerung
Ihre Lesezeit: ... Min. und ... Sek. = ... Sekunden
Lesegeschwindigkeit: 45.660[40] : Lesezeit Sek = ... Wörter pro Minute (W/M)
bei ... % Textverständnis/Texterinnerung

Bitte tragen Sie das Ergebnis in die Fortschrittstabelle am Ende des Kapitels ein.

Lösungsbogen – Steuerpflicht der in Großbritannien und Deutschland tätigen Limited

Inhalt in Stichpunkten	Maximale Punktzahl	Erreichte Punktzahl
Inhalt in Stichpunkten Limited in GB und D tätig und ohne Geschäftsleitung in Deutschland: mit Einkünften i. S. d. § 49 EStG beschränkt steuerpflichtig in D	8	
Im Regelfall Einkünfte aus deutscher Betriebsstätte, § 49 Abs. 1 Nr. 2 EStG	1	
Einkünfte aus Vermietung und Verpachtung denkbar, § 49 Abs. 1 Nr. 6 EStG	1	
Gewinn einer Betriebsstätte der Limited in Deutschland:		
Beschränkt steuerpflichtig in Deutschland	5	
Unbeschränkt steuerpflichtig in England	5	
Steuererklärungen in beiden Staaten abzugeben	10	
Anwendbarkeit des Doppelbesteuerungsabkommens GB nach Art. III DBA/GB	10	
Unterschiedliche Höhe der Körperschaftsteuer in GB und D	4	
Limited als „Steuersparmodell"	2	
In England niedriger, soweit dort tatsächliche Geschäftsleitung (alt.: place of effective management)	2	
Unternehmenssteuerreform 2008: Absenkung Körperschafts-/Gewerbesteuer in D geplant	2	
Vorliegen einer „Betriebsstätte" in Deutschland genau zu bestimmen	6	
Zurechnung der Umsätze und Gewinne zur Betriebsstätte schwierig	2	

---

[40] 761 Wörter × 60 Sek. = 45.660.

4.9 Lesetests zur Fortschrittsmessung

Inhalt in Stichpunkten	Maximale Punktzahl	Erreichte Punktzahl
Finanzbehörde prüft genau, ob „Verlagerung" nach England	2	
Beschränkte Steuerpflicht anderer Einkünfte der Limited	6	
Möglich, auch wenn keine Betriebsstätte in Deutschland	2	
Einkünfte aus Vermietung und Verpachtung: Beispiel Mehrfamilienhaus in Berlin	2	
Geltung der sog. isolierenden Betrachtungsweise i. S. d. § 49 Abs. 2 EStG	6	
Im Ausland gegebene Besteuerungsmerkmale bleiben außer Betracht, soweit in Folge der Berücksichtigung dieser keine inländischen Einkünfte nach § 49 Abs. 1 EStG angenommen werden könnten.	4	
Besteuerung der Vergütungen des Directors einer Limited mit Wohnsitz in D nach Art. XI Abs. 3 DBA/GB nur in D, wenn:	4	
Aufenthalt in GB nicht länger als 183 Tage im Steuerjahr	2	
Arbeitgeber nicht in D ansässig	2	
Vergütung nicht von Gewinn einer Betriebsstätte/fester Einrichtung in Deutschland abgezogen	2	
Grundsatz: Besteuerung der Vergütung nach Arbeitsortprinzip	10	
	100	

4.9.5 Text 5 – Sitz der Gesellschaft

START

Im Memorandum wird der Sitz der Gesellschaft festgelegt (Satzungssitz). Dort befindet sich das so genannte registered office. Beim registered office kann es sich auch um eine Briefkastenadresse handeln, da die Gesellschaft nicht verpflichtet ist, an ihrem Satzungssitz auch ihren tatsächlichen Sitz zu nehmen, wie die Vielzahl in Großbritannien eingetragener Limiteds mit tatsächlichem Sitz in Deutschland zeigt. Das registered office ist deshalb auch oft bei einem Rechtsanwalt oder einer Service-Gesellschaft angesiedelt, die auch den secretary stellen.

Das registered office fungiert in erster Linie als offizielle Zustellungsadresse und Verwahrungsort für die Geschäftsunterlagen, während der eigentliche Verwaltungssitz im Ausland liegen kann. Eine Änderung des registered office ist zulässig, muss jedoch mit Form 287 dem Companies House mitgeteilt werden. Ausgeschlossen ist jedoch eine Änderung des Satzungssitzes dergestalt, dass die Gesellschaft von England nach Schottland (oder umgekehrt) zieht.[41] Auch eine Verlegung des Satzungssitzes in das europäische Ausland ist derzeit noch nicht möglich.[42] Damit wird die in den Art. 43 und 48 EGV

---

[41] Vgl. Heinz, Die englische Limited, § 4, Rn. 13..
[42] Gillissen, Europäische Transnationale Sitzverlegung und Fusion im Vereinigten Königreich und in Irland, S. 199 ff.

postulierte Niederlassungsfreiheit eingeschränkt. Dies erscheint jedoch aus zwingenden Gründen des Allgemeininteresses unter Beachtung der ständigen Rechtsprechung des EuGH gerechtfertigt. Dieser hat in seiner „Inspire Art-Entscheidung" formuliert:

„Nach der Rechtsprechung des Gerichtshofes sind nationale Maßnahmen, die die Ausübung der durch den EG-Vertrag garantierten Grundfreiheiten behindern oder weniger attraktiv machen können, gerechtfertigt, wenn vier Voraussetzungen erfüllt sind: Sie müssen in nicht diskriminierender Weise eingeräumt werden, sie müssen aus zwingenden Gründen des Allgemeininteresses gerechtfertigt sein, sie müssen zur Erreichung des verfolgten Zieles geeignet sein, und sie dürfen nicht über das hinausgehen, was zur Erreichung dieses Zieles erforderlich ist."[43]

Eine Verlegung des Satzungssitzes ist sowohl inländischen als auch ausländischen Gesellschaften, die ihren Geschäftssitz außerhalb von Großbritannien haben, untersagt. Eine Diskriminierung ist daher ausgeschlossen. Es bestehen zwingende Gründe des Allgemeininteresses, den Wegzug in das Ausland zu unterbinden. Denn dadurch würden die staatlichen Kontrollmöglichkeiten erheblich eingeschränkt. Ohne Satzungssitz fehlt es an der registerrechtlichen und gerichtlichen Zuständigkeit des Gründungsstaates, so dass zum Beispiel die Möglichkeit der Löschung von Amts wegen entfällt. Die Kontrollbefugnis obläge dem Staat des (neuen) Satzungssitzes, der jedoch nicht die Regeln für die Gründung der Gesellschaft aufgestellt hat und deshalb nur unter Schwierigkeiten zum Beispiel die Rechtsfähigkeit der Gesellschaft oder die Zulässigkeit von Satzungsänderungen prüfen kann.

Die Beschränkung der Niederlassungsfreiheit durch Verbot der Verlegung des Satzungssitzes ist daher geeignet, die staatliche Kontrolle zu gewährleisten. Diese staatliche Kontrolle ist auch erforderlich, da sie der Wahrung weiterer Interessen der Allgemeinheit dient, die auch vom EuGH in seinen Entscheidungen „Centros",[44] „Überseering"[45] und „Inspire Art" anerkannt worden sind, wie zum Beispiel der Schutz von Gläubigern,[46] von Minderheitsgesellschaftern[47] und von Arbeitnehmern[48] sowie die Wirksamkeit von Steuerkontrollen.[49] Neben der Funktion des Satzungssitzes, die Staatsangehörigkeit der Gesellschaft zu bestimmen, bestehen insbesondere im Hinblick auf den Satzungssitz diverse Aufbewahrungspflichten, deren Einhaltung gewährleisten soll, dass der Staat seine Kontrollfunktion ausüben kann und Dritte, die in Kontakt zur Gesellschaft treten, sich über deren Verhältnisse informieren können. So sind beim registered office folgende Informationen und Dokumente vorzuhalten:

---

[43] EuGH vom 30.09.2003 Rs.C – 167/01 (Inspire Art), NJW 2003, 3331, 3334, Rn. 133.
[44] EuGH vom 09.03.1999 – Rs. C – 212/97, NJW 1999, 2027 – Centros.
[45] EuGH vom 05.11.2002 – Rs. C-208/00, NJW 2002, 3614 – Überseering.
[46] „Centros" Rn. 35 ff., „Überseering" Rn. 92, „Inspire Art" Rn. 135.
[47] Minderheitsgesellschaftern „Überseering" Rn. 92.
[48] Arbeitnehmern „Überseering" Rn. 92.
[49] Steuerkontrollen „Inspire Art" Rn. 40.

- Gesellschafterliste (Section 353 CA 1985)
  Die Liste muss die Namen und Adressen der Anteilseigner sowie die Anzahl der von ihnen gehaltenen Anteile und die Höhe des eingezahlten Kapitals enthalten. Einzutragen sind des Weiteren der Beginn und das Ende der Gesellschafterstellung. Die Liste soll gemäß Section 352 CA 1985 am registered office aufbewahrt werden, Ausnahmen sind zulässig. Unzulässig ist jedoch eine Aufbewahrung außerhalb des Satzungssitzes. Bei einer Limited mit einem registered office in England oder Wales darf also die Liste nicht in Schottland aufbewahrt werden, erst recht nicht im europäischen Ausland.
- Verzeichnis der Directors und secretary
  In diesem Verzeichnis sind Vor-und Nachnamen der Directors und der secretary einzutragen, deren Wohnadresse und Nationalität sowie der Beruf jedes Directors. Bei den Directors sind auch Geschäftsführerpositionen bei anderen Gesellschaften innerhalb der letzten fünf Jahren zu benennen Dieses Verzeichnis ist gemäß Section 288 CA 1985 in jedem Fall am registered office aufzubewahren.
- die Liste der Gesellschaftsbeteiligungen der Directors
  Anzugeben sind in diesem Verzeichnis die Beteiligung der Directors sowie ihrer Ehepartner und Kinder sowie deren Beteiligungen an anderen Gesellschaften desselben Konzerns.
- Protokollbuch
  Das Protokollbuch enthält die Sammlung der Protokolle der Gesellschafter-und Direktorenversammlungen.
- das Register der Vermögenslasten
  Gewährt die Gesellschaft zugunsten einzelner Gläubiger Sicherheiten, zum Beispiel in Form von Inhaberschuldverschreibungen, sind diese in das Verzeichnis einzutragen und am registered office aufzubewahren.

Auf der Grundlage der Regelung in Section 723 CA 1985 hat der Secretary of State eine Verordnung erlassen, wonach die vorstehenden Dokumente zu bestimmten Geschäftszeiten für die Gesellschafter aber auch für die Öffentlichkeit bereitzuhalten sind. Wird diese Verpflichtung nicht erfüllt, drohen Gesellschaft und Directors Bußgelder.
ENDE

Testbogen 5 – Sitz der Gesellschaft

Zeit:
… Min … Sek
memorierter Inhalt:

....
....
....
....
....

....
....
....
....
....
....

erreichte Punktzahl: ... von 100 = ... % Textverständnis/Texterinnerung
Ihre Lesezeit: ... Min. und ... Sek. = ... Sekunden
Lesegeschwindigkeit: 45.000[50] : Lesezeit Sek = ... Wörter pro Minute (W/M)
bei ... % Textverständnis/Texterinnerung

Bitte tragen Sie das Ergebnis in die Fortschrittstabelle am Ende des Kapitels ein.

Lösungsbogen – Sitz der Gesellschaft

Inhalt in Stichpunkten	Maximale Punktzahl	Erreichte Punktzahl
Sitz der Limited: als sog. registered office im Memorandum festgelegt	10	
Nicht notwendig tatsächlicher Sitz, Briefkastenadresse möglich	10	
Funktion des registered office: offizielle Zustellungsadresse und Verwahrungsort für Geschäftsunterlagen	10	
Verlegung des Satzungssitzes/registered office	6	
Von England nach Schottland (und umgekehrt) nicht möglich	4	
Ins europäische Ausland noch nicht möglich	4	
Einschränkung der Niederlassungsfreiheit im Rahmen der Inspire Art-Entscheidung wohl aus zwingenden Gründen des Allgemeininteresses gerechtfertigt:	6	
Maßnahmen nicht diskriminierend	2	
Aus zwingenden Gründen des Allgemeininteresses gerechtfertigt und	1	
Zur Erreichung des verfolgten Ziels geeignet und erforderlich	1	
Zwingende Gründe des Allgemeininteresses hier:		
durch Wegzug würden staatliche Kontrollmöglichkeiten erheblich eingeschränkt	4	
registerrechtliche und gerichtliche Zuständigkeit würde wegfallen und erschwerte Prüfungsmöglichkeit des neuen zuständigen Satzungsstaates	2	
Schutz von Gläubigern, Minderheitengesellschaftern und Arbeitnehmern	2	
Wirksamkeit der Steuerkontrollen	2	
Funktion der Aufbewahrungspflichten im Zusammenhang mit Satzungssitz:		

---

[50] 750 Wörter × 60 Sek. = 45.000.

4.9 Lesetests zur Fortschrittsmessung

Inhalt in Stichpunkten	Maximale Punktzahl	Erreichte Punktzahl
Gewährleistung der staatlichen Kontrollfunktion	6	
Informationsmöglichkeit Dritter	4	
Vorzuhaltende Dokumente und Informationen betreffend Gesellschafter und Directors.	6	
Gesellschafterliste	2	
Verzeichnis der Directors und secretary	1	
Liste der Gesellschaftsbeteiligungen der Directors	1	
Weitere vorzuhaltende Dokumente und Informationen:	4	
Protokollbuch	3	
Register der Vermögenslasten	3	
Bußgelder bei Nichterfüllung der Pflichten	6	
Für Gesellschaft	2	
Für Directors	2	
	104	

Steuerparagrafenliste

Im Downloadbereich der Homepage www.pruefung-bestehen.de finden Sie eine Excelliste, in der die Paragrafen aus den verschiedenen Steuergesetzen mit Inhalt, Gesetz und Paragraf sowie der dazugehörenden Merkhilfe dargestellt sind. Diese Liste wird ständig aktualisiert. Für Vorschläge, Ideen und Ergänzungen nutzen Sie bitte das Forum auf der Homepage. Wir setzen diese dann sowohl in der Liste als auch im Lernprogramm um. Hier ist der aktuelle Stand:

Gesetz	Paragraf	Merkhilfe	Inhalt
AO	2	Affe Noah	Vorrang Völkerrecht
AO	3	Affe Mai	Steuern
AO	4	Affe Reh	Gesetz
AO	5	Affe Lee	Ermessen
AO	6	Affe Schuh	Behörde
AO	7	Affe Kuh	Amtsträger
AO	8	Affe Fee	Wohnsitz
AO	9	Affe Po	gewöhnlicher Aufenthalt
AO	10	Affe Tasse	Geschäftsleitung
AO	11	Affe Teddy	Sitz
AO	12	Affe Tanne	Betriebsstätte
AO	14	Affe Teer Schere	wirtschaftlicher Geschäftsbetrieb
AO	15	Affe Tal	Angehörige
AO	18	Affe Taufe	Betriebsfinanzamt
AO	19	Affe Taube	Wohnsitzfinanzamt
AO	30	Affe Moos	Steuergeheimnis
AO	34	Affe Meer	gesetzlicher Vertreter
AO	37	Affe Mac	Ansprüche Steuerschuldverhältnisse
AO	38	Affe Mafia	Entstehung Steueransprüche
AO	39	Affe Mappe	wirtschaftliche Eigentum
AO	40	Affe Rose	gesetzwidriges Handeln

Gesetz	Paragraf	Merkhilfe	Inhalt
AO	41	Affe Radio	unwirksame Rechtsgeschäfte
AO	44	Affe Rohr	Gesamtschuldner
AO	45	Affe Rolle (vorwärts)	Gesamtrechtsnachfolge
AO	64	Affe Teer Schere	wirtschaftlicher Geschäftsbetrieb
AO	69	Affe Schippe	Haftung
AO	101	haben Tante, Steuerberater, Täter	Auskunftsverweigerungsrechte
AO	110	Die Dame ist zurück	Wiedereinsetzung in den vorigen Stand
AO	118	Das ist der Verwaltungsakt	Verwaltungsakt
AO	149	das reicht bis in 5 Monaten	Abgabefrist
AO	152	darf legal nicht 10 % übersteigen	Verspätungszuschlag
AO	169	Die Schonfrist beträgt 4 Jahre	Festsetzungsverjährung
AO	170	Die gilt seit Abgabe Steuererklärung	Beginn Festsetzungsverjährung
AO	171	Die Ablaufhemmung kann es verzögern	Ablaufhemmung
AO	193	Das Prüfungsmittel	Außenprüfung
AO	222	nur notfalls nötig	Stundung
AO	226	nutzt nur Schuldnern, wenn gleich gegen Auffällige das Haupt entsteht	Aufrechnung
AO	228	ist normal nach Fälligkeit 5 Jahre	Zahlungsverjährung
AO	240	nicht rechtzeitig zahlen	Säumniszuschlag
AO	249	nicht rechtzeitig beglichen	Vollstreckung
AO	347	manchmal retten kann	Einspruch
AO	361	man schont durch Aussetzung sein Portemonnaie	Aussetzung der Vollziehung
AO	370	macht keinen Spass	Steuerhinterziehung
AO	371	macht klugen Täter straffrei	Selbstanzeige
EStG	01	Eichhörnchen Tee	ESt-Pflicht
EStG	02	Eichhörnchen Noah	Einkunftsarten ESt-Besteuerung
EStG	02a	Eichhörnchen Noah @	negative Einkünfte mit Auslandsbezug
EStG	03	Eichhörnchen Mai	ESt-freie Einnahmen
EStG	03b	Eichhörnchen Mai b	ESt-Freiheit Zuschläge Sonn-, Feiertags-, Nachtarbeit
EStG	03c	Eichhörnchen Mai c	anteiliges Abzugsverbot (ESt)
EStG	04	Eichhörnchen Reh	Gewinn
EStG	04a	Eichhörnchen Reh @	Gewinnermittlungszeitraum
EStG	04b	Eichhörnchen Reh b	Direktversicherung
EStG	04c	Eichhörnchen Reh c	Zuwendungen an Pensionskassen
EStG	04d	Eichhörnchen Reh d	Zuwendungen an Unterstützungskassen

Steuerparagrafenliste

Gesetz	Paragraf	Merkhilfe	Inhalt
EStG	04e	Eichhörnchen Reh e	Beiträge an Pensionsfonds
EStG	05	Eichhörnchen Lee	Gewinn bei Kaufleuten
EStG	06	Eichhörnchen Schuh	Bewertung (ESt)
EStG	06a	Eichhörnchen Schuh @	Pensions-RSt
EStG	06b	Eichhörnchen Schuh b	Übertragung stiller Reserven
EStG	07	Eichhörnchen Kuh	Absetzung für Abnutzung
EStG	07a	Eichhörnchen Kuh @	gemeinsame Vorschriften erhöhte Abschreibung
EStG	07 g	Eichhörnchen Kuh g	Sonder- und Ansparabschreibung
EStG	08	Eichhörnchen Fee	Einnahmen
EStG	09	Eichhörnchen Po	Werbungskosten
EStG	09a	Eichhörnchen Po @	WK-Pauschbeträge
EStG	09b	Eichhörnchen Po b	VorSt-Abzug für ESt
EStG	10	Eichhörnchen Tasse	Sonderausgaben
EStG	10b	Eichhörnchen Tasse b	Spenden für ESt-begünstigte Zwecke (SA)
EStG	10c	Eichhörnchen Tasse c	SA-Pauschbetrag/Vorsorge-Pauschale
EStG	10d	Eichhörnchen Tasse d	Verlustabzug bei ESt
EStG	11	Eichhörnchen Teddy	Vereinnahmung/Verausgabung
EStG	12	Eichhörnchen Tanne	in ESt nicht abzugsfähige Ausgaben
EStG	13	Eichhörnchen Team	Einkünfte L+F
EStG	15	Eichhörnchen Tal	Einkünfte Gewerbebetrieb
EStG	15a	Eichhörnchen Tal @	Verluste bei beschränkter Haftung
EStG	16	Eichhörnchen Tasche	Betriebsveräußerung/Betriebsaufgabe
EStG	17	Eichhörnchen Theke	Veräußerung Anteile KapG
EStG	18	Eichhörnchen Taufe	Einkünfte aus selbstständiger Arbeit
EStG	19	Eichhörnchen Taube	Einkünfte aus nicht selbstständiger Arbeit
EStG	20	Eichhörnchen Nase	Einkünfte aus Kapitalvermögen
EStG	21	Eichhörnchen Note	Einkünfte aus V+V
EStG	22	Eichhörnchen Nonne	sonstige Einkünfte
EStG	23	Eichhörnchen Name	private Veräußerungsgeschäfte
EStG	24	Eichhörnchen Narr	Entschädigungen
EStG	24a	Eichhörnchen Narr @	Altersentlastungsbetrag
EStG	25	Eichhörnchen Nil	Einzelveranlagung
EStG	26	Eichhörnchen Nische	Ehegattenveranlagung
EStG	26a	Eichhörnchen Nische @	getrennte Veranlagung
EStG	26b	Eichhörnchen Nische b	Zusammenveranlagung
EStG	26c	Eichhörnchen Nische c	besondere Veranlagung im Jahr der Eheschließung
EStG	32	Eichhörnchen Mohn	Kinder, Kinder-FB

Gesetz	Paragraf	Merkhilfe	Inhalt
EStG	32a	Eichhörnchen Mohn @	ESt-Tarif
EStG	32b	Eichhörnchen Mohn b	Progressionsvorbehalt
EStG	33	Eichhörnchen Mama	außergewöhnliche Belastung
EStG	34	Eichhörnchen Meer	außerordentliche Einkünfte
EStG	34 g	Eichhörnchen Meer g	Spenden an politische Parteien
EStG	35	Eichhörnchen Mehl	GewSt-Anrechnung
EStG	35a	Eichhörnchen Mehl @	Steuerermäßigung haushaltnahe Beschäftigung
EStG	36	Eichhörnchen Masche	Entstehung ESt
EStG	37	Eichhörnchen Mac	ESt-Vorauszahlungen
EStG	38	Eichhörnchen Mafia	Erhebung der LSt
EStG	38a	Eichhörnchen Mafia @	Höhe LSt
EStG	38b	Eichhörnchen Mafia b	LSt-Klassen
EStG	39	Eichhörnchen Mappe	LSt-Karte
EStG	39a	Eichhörnchen Mappe @	Freibetrag u. Hinzurechnungsbetrag auf LSt-Karte
EStG	40	Eichhörnchen Rose	Pauschalierung ESt
EStG	42d	Eichhörnchen Ruine d	Haftung ArbGeb für LSt
EStG	43	Eichhörnchen Rum	KapESt-Abzug
EStG	43a	Eichhörnchen Rum @	Bemessung KSpESt
EStG	49	Eichhörnchen Raupe	beschränkt stpfl. Einkünfte
EStG	52	Eichhörnchen Linie	Schlussvorschriften
GewStG	01	Gans Tee	GewSt-Berechtigte
GewStG	02	Gans Noah	GewSt-Gegenstand
GewStG	02a	Gans Noah @	ArGe (GewSt)
GewStG	03	Gans Mai	GewSt-Befreiungen
GewStG	04	Gans Reh	hebeberechtigte Gemeinde
GewStG	05	Gans Lee	GewSt -Schuldner
GewStG	06	Gans Schuh	Besteuerungsgrundlage GewSt
GewStG	07	Gans Kuh	Gewerbeertrag
GewStG	08	Gans Fee	Hinzurechnungen
GewStG	09	Gans Po	Kürzungen
GewStG	10	Gans Tasse	maßgebender Gewerbeertrag
GewStG	10a	Gans Tasse @	Gewerbeverlust
GewStG	11	Gans Teddy	GewSt-Messzahl, GewSt-Messbetrag
GewStG	14	Gans Teer	Festsetzung GewSt-Messbetrag
GewStG	14a	Gans Teer @	GewSt-Erklärungspflicht
GewStG	14b	Gans Teer b	Verspätungszuschlag GewSt
GewStG	15	Gans Tal	GewSt Pauschfestsetzung

Steuerparagrafenliste

Gesetz	Paragraf	Merkhilfe	Inhalt
GewStG	16	Gans Tasche	Hebesatz
GewStG	18	Gans Taufe	GewSt-Entstehung
GewStG	19	Gans Taube	GewSt-Vorauszahlungen
GewStG	20	Gans Nase	Abrechnung Vorauszahlungen
GewStG	21	Gans Note	Entstehung GewSt-VZ
GewStG	28	Gans Neffe	Zerlegung GewSt
GewStG	29	Gans Neubau	Zerlegungsmaßstab
GewStG	30	Gans Moos	Zerlegung mehrgemeindliche Betriebsstätte
GewStG	31	Gans Matte	Arbeitslöhne für Zerlegung
GewStG	33	Gans Mama	Zerlegung in besonderen Fällen
GewStG	34	Gans Meer	Kleinbeträge Zerlegung (< 10 € GewSt-MB)
GewStG	35a	Gans Mehl @	GewSt bei Reisegewerbebetriebe
GewStG	35b	Gans Mehl b	Änderung GewSt-Messbescheid von Amts wegen
GewStG	35c	Gans Mehl c	Ermächtigung GewSt-DV
GewStG	36	Gans Masche	GewSt Schlussvorschriften
KStG	01	Känguru Tee	unbeschränkte KSt-Pflicht
KStG	02	Känguru Noah	beschränkte KSt-Pflicht
KStG	05	Känguru Lee	KSt-Befreiungen
KStG	06	Känguru Schuh	KSt-Befreiung für Pensionskassen
KStG	07	Känguru Kuh	zu versteuerndes Einkommen (KSt)
KStG	08	Känguru Fee	Ermittlung KSt-Einkommen
KStG	08a	Känguru Fee @	Gesellschafter-Fremdfinanzierung
KStG	08b	Känguru Fee b	Bezüge von Körperschaften
KStG	09	Känguru Po	abziehbare Aufwendungen (KSt)
KStG	10	Känguru Tasse	nicht abziehbare Aufwendungen (KSt)
KStG	11	Känguru Teddy	Liquidation Körperschaft
KStG	12	Känguru Tanne	Verlegung Geschäftsleitung ins Ausland (KSt)
KStG	13	Känguru Team	Beginn und Ende Steuerbefreiungen
KStG	14	Känguru Teer	Organschaft
KStG	15	Känguru Tal	Ermittlung Einkommen KSt-Organschaft
KStG	16	Känguru Tasche	Ausgleichszahlung
KStG	17	Känguru Theke	OG = GmbH
KStG	18	Känguru Taufe	ausländischer OT
KStG	19	Känguru Taube	Steuerabzug beim OT
KStG	20	Känguru Nase Nonne	Versicherungsunternehmen Pensionsfonds etc.

Gesetz	Paragraf	Merkhilfe	Inhalt
KStG	23	Känguru Name	KSt-Satz
KStG	24	Känguru Narr	Freibeträge Vereine
KStG	26	Känguru Nische	ausländische Einkuftsteile
KStG	27	Känguru Nike	steuerliches Einlagekonto
KStG	28	Känguru Neffe	Änderung NK
KStG	29	Känguru Neubau	Kapitalveränderung bei Umwandlungen (KSt)
KStG	30	Känguru Moos	Entstehung KSt
KStG	31	Känguru Matte	Anrechnungsvorschriften (Verlinkung)
KStG	32	Känguru Mohn	Sondervorschriften KapESt (KSt)
KStG	34	Känguru Meer	KSt Schlussvorschriften
KStG	37	Känguru Mac	KSt-Guthaben KSt-Minderung
KStG	38	Känguru Mafia	ehem. EK02 KSt Erhöhung
KStG	40	Känguru Rose	Umwandlung Liquidation
UStG	01	Uhu Tee	steuerbare Umsätze
UStG	01a	Uhu Tee @	i. g. Erwerb
UStG	01b	Uhu Tee b	i. g. Erwerb neuer Fahrzeuge
UStG	02	Uhu Noah	Unternehmer Organschaft
UStG	02a	Uhu Noah @	Fahrzeuglieferer
UStG	03	Uhu Mai	Lieferung/sonst. Leist.
UStG	03a	Uhu Mai @	Ort sonst. Leistung
UStG	03b	b wie Beförderung	Ort Beförderungsleistung
UStG	03c	c wie Quelle	Ort Versandhandel
UStG	03d	d wie Dänemark	Ort i. g. Erwerb
UStG	03f	f wie frei	Ort unentgeltliche Wertabgabe
UStG	03 g	g wie Gas	Ort Gas- und Stromlieferungen
UStG	04	Uhu Reh	USt-Befreiungen
UStG	04a	Uhu Reh @	USt-Vergütung
UStG	04b	Uhu Reh b	USt-Befreiungen i. g. Erwerb
UStG	05	Uhu Lee	USt-Befreiungen Einfuhr
UStG	06	Uhu Schuh	Ausfuhrlieferung
UStG	06a	Uhu Schuh @	i. g. Lieferung
UStG	07	Uhu Kuh	Lohnveredelung an Gegenständen der Ausfuhr
UStG	09	Uhu Po	Verzicht USt-Befreiungen
UStG	10	Uhu Tasse	USt-BMG
UStG	12	Uhu Tanne	USt-Satz
UStG	13	Uhu Team	Entstehung USt
UStG	13a	Uhu Team @	USt-Schuldner

Gesetz	Paragraf	Merkhilfe	Inhalt
UStG	13b	Uhu Team b	Leistungsempfänger als USt-Schuldner
UStG	14	Uhu Teer	Ausstellung Rechnungen
UStG	14a	Uhu Teer @	zusätzliche Pflichten Rechnungen
UStG	14b	Uhu Teer b	Aufbewahrung Rechnungen
UStG	14c	Uhu Teer c	unrichtiger unberechtigter USt-Ausweis
UStG	15	Uhu Tal	VorSt-Abzug
UStG	15a	Uhu Tal @	Berichtigung VorSt-Abzug
UStG	15e	Uhu Tal Spiegelei	USt-Id-Bestätigungsverfahren
UStG	15f	Uhu Tal Fahne	Sicherheitsleistung USt-Voranmeldung
UStG	16	Uhu Tasche	USt-Berechnung Besteuerungszeitraum
UStG	17	Uhu Theke	Änderung USt-BMG
UStG	18	Uhu Taufe	USt-Besteuerungsverfahren (Voranmeldung)
UStG	18a	Uhu Taufe @	zusammenfassende Meldung
UStG	18b	Uhu Taufe b	Erklärung i. g. Erwerb
UStG	18c	Uhu Taufe c	Meldepflicht Lieferung neue Fahrzeuge
UStG	19	Uhu Taube	Kleinunternehmer
UStG	20	Uhu Nase	USt nach vereinnahmten Entgelten
UStG	21	Uhu Note	EUSt
UStG	23a	Uhu Name @	Durchschnittssatz gemeinnütziger Verein
UStG	24	Uhu Narr	Durchschnittssätze LuF
UStG	25	Uhu Nil	Reiseleistungen
UStG	25a	Uhu Nil @	Differenzbesteuerung
UStG	25b	Uhu Nil b	i. g. Dreiecksgeschäft
UStG	27	Uhu Nike	Schlussvorschriften
UStG	27a	Uhu Nike @	USt.Id.-Nr.
UStG	27b	Uhu Nike b	USt-Nachschau

Autoren

Sven Braun

Wirtschaftsprüfer und Steuerberater, Diplom-Betriebswirt (FH), Master of Arts (M.A.)

Seit seinem erfolgreichen Studium der Betriebswirtschaft mit dem Schwerpunkt Rechnungs- und Prüfungswesen an der Hochschule für Technik und Wirtschaft des Saarlandes (HTW) arbeitet Sven Braun in der Steuerberatungsbranche. Anfang 2006 absolvierte er mit 26 Jahren die Steuerberaterprüfung als damals **jüngster Steuerberater des Saarlandes**. Diese Leistung hat er mit Hilfe der in diesem Buch beschriebenen Techniken erreicht. Um auch Ihnen zu ermöglichen, die Prüfung im ersten Versuch zu bestehen, hat er dieses Buchprojekt ins Leben gerufen.

Er arbeitet in der Kanzlei seines Vaters Olaf Braun, vereidigter Buchprüfer und Steuerberater, in Völklingen im Saarland. Des Weiteren hat er eine Weiterbildung zum Rating-Analyst (IHK) (= Experte für Bankgespräche) und ist als Referent an der Volkshochschule (VHS) und als Buchautor für den Gabler-Verlag tätig. 2011 wurde er zum Wirtschaftsprüfer bestellt.

Mehr Informationen über Sven Braun finden Sie im Internet unter www.steuerberater-braun.de.

Jonas Ritter

Experte für Schnelllese-Seminare

Jonas Ritter ist Entwickler und Trainer moderner Lernstrategien, sowie Experte für Schnelllese-Techniken. Für seinen Einsatz im Dienste der Bildungsförderung und Völkerverständigung ausgezeichnet, agiert Jonas Ritter auf internationaler Ebene, schult viele namhafte Unternehmen weltweit und unterrichtete unter anderem an der **Harvard Universität** in den USA.

Zu seinen Kunden zählen neben vielen namhaften Unternehmen unter anderem Daimler Chrysler, Siemens, Allianz, Kraft Foods, Airbus, sowie das Max-Planck-Institut.

Sein System und das bekannte Ritter Speed Reading Seminar sind europaweit einzigartig. Weitere Informationen zu Jonas Ritter und dem aktuellen Seminarangebot finden Sie im Internet unter www.ritter-speedreading.de.

Christiane Stenger

mehrfache Juniorengedächtnisweltmeisterin

„Bis ich in die Schule kam, war ich ein sehr glückliches Kind." sagt Christiane, wenn sie in die Vergangenheit zurückblickt. Doch der Schulunterricht langweilte sie, bis sie sich schließlich weigerte, die Schule zu besuchen. Auf Anraten von Freunden nahm Christiane an einem IQ-Test teil und das beeindruckende Ergebnis veränderte ihr Leben: So wechselte sie mit gerade neun Jahren auf das Gymnasium, wo sie als Schülerin von Gedächtnisweltmeister Dr. Gunther Karsten mit dem Gedächtnistraining begann. 2003 bestand sie mit 16 Jahren als damals jüngste Abiturientin Deutschlands ihr Abitur. Zurzeit studiert sie Politikwissenschaften in München.

2004 veröffentlichte sie ihr erstes Buch „**Warum fällt das Schaf vom Baum?**", in dem sie ihre Gedächtnistechniken anschaulich erklärt und das mittlerweile über 30.000-mal verkauft wurde. Im September 2007 erschien ihr zweites Buch „Gummibärchen im Spinat", in dem sie Grundschulkinder an die Gedächtnistechniken heranführt.

In ihrer aktiven Zeit als Gedächtnissportlerin gehörte Christiane zu den Top-10 der Erwachsenen. Heute tritt sie in Fernsehshows auf (Stern TV, TV Total), gibt Seminare und ist Testimonial der Dextro Energy-Schulkampagne.

Mehr Informationen zu Christiane Stenger im Internet unter www.christianestenger.de.

Weitere Details über die Autoren finden Sie auf der **Homepage zum Buch**: www.pruefung-bestehen.de

Weitere Fachliteratur der Autoren

Warum fällt das Schaf vom Baum?
Gedächtnistraining mit der Jugendweltmeisterin
Christiane Stenger
Campus Verlag
ISBN 978-345-368511-6

Warum fällt das Schaf vom Baum als Hör-CD
Christiane Stenger
Campus Verlag
ISBN 978-359-338165-7

A Sheep Falls Out of the Tree.
How Anyone Can Develop a Fantastic Memory
Christiane Stenger
Campus Verlag
ISBN 978-190-487925-1

Das Gummibärchen im Spinat
Gedächtnistraining für Kinder
Christiane Stenger
Campus Verlag
ISBN 978-359-338195-4

Kraftfahrzeuge im Ertrag- und Umsatzsteuerrecht
Von der Anschaffung bis zur Veräußerung
Daniel Albert und Sven Braun
Springer Gabler
ISBN 978-3-8349-0576-5

Steuerrecht und betriebliche Steuerlehre:
Mit Musterklausuren für die IHK Prüfung.
Sven Braun, Birgitta Dennerlein, Manfred Wünsche
Springer Gabler
ISBN 978-3-8349-3920-3

Sachverzeichnis

3er Kette, 65

A
Abgabefrist, 46, 55
Abgeld, 61
Absatz, 48, 49
Action, 44
Agio, 61
Aktien, 61
Allusion, 64
Altersvorsorgegrundzulage, 50
Altersvorsorgekinderzulage, 50
Angehörige, 41, 44, 45, 53
Ankündigung, 64
Anspielung, 64
Antithese, 64
AO, 40–47, 51–53, 55, 56, 62
Arbeitnehmer-Pauschbetrag, 50
Aristoteles, 1, 63, 70
Assoziation, 20, 34
Aufbewahrungspflichten, 46, 55
Aufgeld, 61
Aufrechnung, 46, 55, 56
Ausgabebetrag, 61
Ausruf, 63
Außenprüfung, 46, 55, 56
Aussetzung der Vollziehung, 46, 55, 56
Auszahlungsbetrag, 61

B
Begriffsbestimmung, 67
Beispiel, 62–66, 69, 72
Betriebsfinanzamt, 45, 53, 54
Betriebsstätte, 45, 53
BGB, 42
Bilderalphabet, 22, 40–42

Blickkontakt, 66, 69
BUWEG-Methode, 62

C
Chiasmus, 63
Correctio, 63

D
Danksagung, IX
Darlehen, 61
Definitionen, 62
Disagio, 61

E
Eheleute, 49, 57
Einkaufsliste, 2–5, 8, 9, 35
Einspruch, 44, 46, 55, 56
Emotion, 5–7, 9, 14, 16
Entstehung Steueransprüche, 45, 53
ErbStG, 42
Erfolgserlebnis, 2, 5
Erinnerungsfähigkeit, 5, 6
Eselsbrücke, 21, 22, 27
Eselsbrücken, 51
EStG, 42, 47, 48, 50, 57, 59

F
Fantasie, 5, 6, 9, 12, 17, 25
fehlende Begriffe, 68
Festsetzungsverjährung, 46, 51, 55, 56
FGO, 52
Finanzgericht, 52
Fixierungsanzahl, 95
Fixierungsdauer, 95
Fixierungsrhythmus, 95
flüssiger Vortragsstil, 69
freie Rede, 70

G
Gedächtnis, 1–3, 5, 8, 9, 12, 14, 22, 29, 40
  Stütze, 13
  Stützen, 13, 22
  Techniken, 1, 2, 4–6, 8, 9, 26, 39, 44
Gegensatz, 62
Gesamtrechtsnachfolge, 45, 53, 54
Gesamtschuldner, 45, 53, 54
Geschenke, 50, 58
Geschichtentechnik, 42
Gesetz, 39–42, 44–51, 53, 54, 59
Gesetze, 44
Gesetzes, 40
gesetzlichen Vertreter, 54
gesetzlicher Vertreter, 45, 53
gesetzwidriges Handeln, 45, 53, 54
Gestik, 67–69
GewStG, 42
Gliederung, 67
Grundfreibetrag, 49, 50, 57
Gruppe, 68–70

H
Haftung, 45, 53
HGB, 42, 48
Hyperbel, 64

I
Informationseinheit, 41
Informationseinheiten, 39
Inhaltswiedergabe, 67
Istbesteuerung, 50, 59

K
Kapitalrücklage, 61
Karteikarten, 67–69
Kette, 64
Kinderbetreuungsfreibetrag, 50
Kinderfreibetrag, 50
Kindergeld, 50
Kindergeld ab 4. Kind, 50
Klage, 52
Kleinunternehmer, 50
Konzentration, 2, 4
Konzentrationsübung, 13, 35, 36
Konzept, 65, 70, 71
Korrektur, 68
Korrekturnormen, 51
Kosten, 62

Kreativität, 5, 7–9, 12, 22
Kreuzstellung, 63
KStG, 42, 59
Kurzerzählung, 63

L
Langzeitgedächtnis, 76
Lernen, 1, 2, 4–10, 26, 33, 34
lernen, 22
Lerntechniken, 5
Links, 47
Loci-Methode, 13

M
Markiersystem, 46
Mastersystem, 25–35, 38, 40–44, 47, 49, 53, 55, 57, 58
Merkhilfe, 125
Merkwort, 28–34, 41, 44
Metapher, 63
Mimik, 68, 69
Mindmap, 66
Mnemosyne, 1
Mnemotechnik, 1
monatlicher Voranmeldezeitraum, 50
Motivation, 2

N
Nachrichtensprecher, 66, 67
Narratio, 63
Nennbetrag, 61
Neurologie, 73

P
Paradoxon, 64
Paragraf, 39–46, 48–50, 53, 55, 56
Pauschbetrag, 50
Periphrase, 64
Platon, 70
präveranbemesszuzinszerfest, 51

R
Randstrich, 47–49
Rechtsfolge, 39, 51
Rednerstudium, 67
Regressionen, 94, 102
Rhetorik-Training, 65
rhetorische Frage, 65
Rhetorische Mittel, 62
rhetorische Mittel, 63, 68

Riesterrente, 50
Routenmethode, 70
Routenmethode/-technik, 13, 15–18, 22, 26, 28, 33, 36, 37
Routenpunkt, 13–17, 19, 21, 70
Rücknahme, 52

S
Satz, 59
Säumniszuschlag, 46, 55, 56
Scheinfrage, 65
Scheinwiderspruch, 64
Schlagwort, 40, 41, 45, 46, 53, 55, 57–59
Schuldzinsen, 50
Selbstanzeige, 46, 55, 56
Sinneseindrücke, 16
Sinneserfahrungen, 7
Sinneswahrnehmung, 5
Sitz, 45, 53
Sokrates, 70
Sparer-Freibetrag, 50
Spruch-Methode, 43–45, 49, 52, 55, 56
Stabreim, 63
Stand, 69
Stecken bleiben, 67, 68
Steigerung, 64, 65, 68
Steuerbescheid, 51
steuerbescheidähnlichen Verwaltungsakte, 51
Steuergeheimnis, 53
Steuerhinterziehung, 46, 55, 56
steuerliche, 62
Steuern, 62, 63
Steuerpflicht, 47, 48
steuerrichtlinien, 59
Steuerschuldverhältnis, 56
Steuerschuldverhältnisse, 45, 53
Stress, 12, 35
Stundung, 46, 55, 56
Subvokalisation, 90

T
Tatbestandsmerkmal, 51, 59
Tempel, 70
Texterinnerung, 78, 84, 85, 99, 105, 108, 113, 118, 122
Textmarker, 47
Textmarkierung, 47
Triade, 65

U
Überraschung, 64

Übertreibung, 64
Ultrakurzzeitgedächtnis, 75, 76
Umschreibung, 64
Umweltschutz, 47
unwirksame Rechtsgeschäfte, 45, 53
UStG, 42, 50, 58

V
Verdeutlichung, 63
Vergleich, 63
Verspätungszuschlag, 46, 55, 56
verunglückte Satzformulierung, 68
Verwaltungsakt, 46, 55
Verwaltungsakte, 52
verweis, 48
vierteljährlicher Voranmeldungszeitraum, 50
Visualisierung, 6, 7, 24
Vollstreckung, 46, 55, 56
Vorauslesen, 66
Vorbehaltsfestsetzung, 51
Vorbereitung, 61, 68, 69

W
Weg zu Art vor Form in fri Befug und Prolls hängen sich keine Kraft auf den Rücken, 52
Werbungskosten-Pauschbetrag für
    Kapitaleinkünfte, 50
    sonstige Einkünfte, 50
    Versorgungsbezüge, 50
Widerruf, 52
Wiedereinsetzung in den vorigen Stand, 42, 43, 46, 55
Wiederholung, 63, 65, 68
wirtschaftlicher Geschäftsbetrieb, 45, 53
wirtschaftliches Eigentum, 45, 53, 54
Wohnsitz, 47
Wohnsitzfinanzamt, 45, 53
Wortspiel, 64

Z
Zahlenmerksystem, 24, 25, 33
Zahlungsverjährung, 46, 55, 56
Zinsen, 61, 62
Zitat, 63
Zulässigkeitsvoraussetzungen, 52
Zusatzinformationen, 47, 53
Zuschläge, 62
zuschläge, 62
Zwangsgeld, 62

The manufacturer's authorised representative in the EU is Springer Nature Customer Service Centre GmbH, Europaplatz 3, 69115 Heidelberg, Germany. If you have any concerns regarding our products, please contact ProductSafety@springernature.com

Printed and bound by CPI Group (UK) Ltd, Croydon, CR0 4YY
25/03/2026
02078212-0010